DAMIT GOTT SEI:
ALLES IN ALLEM.
1 KORINTHER 15,28

HUUB
OOSTERHUIS

ALLES FÜR ALLE

Ein Glaubensbuch
für das 21. Jahrhundert

Herausgegeben von Cornelis Kok

Aus dem Niederländischen von
Frank Bestebreurtje

Patmos Verlag

VERLAGSGRUPPE PATMOS

PATMOS
ESCHBACH
GRÜNEWALD
THORBECKE
SCHWABEN
VER SACRUM

Die Verlagsgruppe
mit Sinn für das Leben

Originalausgabe:
Alles voor allen © 2016 Huub Oosterhuis
Originally published by Uitgeverij KOK, Utrecht

Die Bibelzitate wurden dem Textverständnis des Autors entsprechend aus dem Niederländischen ins Deutsche übertragen.

2. Auflage 2020
Alle Rechte der deutschsprachigen Ausgabe vorbehalten
© 2018 Patmos Verlag
Verlagsgruppe Patmos in der Schwabenverlag AG, Ostfildern
www.patmos.de

Umschlaggestaltung: Finken & Bumiller, Stuttgart
Gestaltung, Satz und Repro: Schwabenverlag AG, Ostfildern
Druck: GGP Media GmbH, Pößneck
Hergestellt in Deutschland
ISBN 978-3-8436-1014-8

INHALT

EINLADUNG: EIN GLAUBENSBUCH?

1

Vielen Menschen, die in christlichen Kirchen aufgewachsen sind, fällt es schwer, sich einzugestehen, dass »der christliche Glaube« ihnen nichts mehr sagt und ihrem oft unerfüllten und verwirrten Leben keinerlei Orientierung bietet. Zu gleicher Zeit empfinden sie ein starkes Bedürfnis nach Verbundenheit und eine große Energie für Hingabe und Engagement: Hingabe an etwas, das größer ist als sie. Sie möchten zu etwas gehören und an etwas glauben.

Glauben ist ein sperriges Wort. Dem einen klingt es nach großer Entschiedenheit, höherer Erkenntnis, dem andern nach Einfältigkeit, diffusen Gefühlen und schöner Musik.

Glauben heißt ursprünglich: Vertrauen schenken und voll Hoffnung sein, so wie es das zwischen Menschen, die in Freundschaft oder Liebe verbunden sind, bedeutet: Ich liebe dich, ich vertraue mich dir an, ich glaube an uns. Glaube und Liebe sind nicht nur vom Wortstamm verwandt, sondern auch von ihrer Bedeutung; im Englischen ist dies noch hörbar: *I believe, I love.* Eine große Liebe ist ein großer Glaube – und eine große Erleichterung, wie wenn man einem einsamen Abgrund entronnen ist, wie wenn man aus der Verbannung befreit worden ist, und so ist es ja auch. Die niederländische Dichterin Vasalis hat darüber geschrieben, über »die Freiheit einer großen Liebe, die Raum lässt für Verzweiflung und für Zweifel und Entbehren«.

2

Ich sehe Menschen, die möchten zu etwas gehören und an etwas glauben. Ich sehe, wie sie sich für mehr, viel mehr als für ihren Eigennutzen einsetzen und hingeben. Sie sind von einem alten Glauben abgefallen, vom alten weit verbreiteten Glauben an *Blindes Schicksal* und *Blöder Zufall*, an Götter und Mächte, Markt und Börse – sie glauben nicht weiter, dass diese Welt mit ihren Methoden von Ausbeutung und Erniedrigung und Pein die einzig mögliche Welt sei – sie glauben nicht mehr daran, dass auch nur *ein* Ding in dieser Welt unverrückbar und naturnotwendig sei: Kindersterblichkeit, Aids, das bittere Unrecht der Armut und deren Folge, die bittere Gewalt. Sie bemühen sich, eine andere Welt zu erschaffen, Schritt für Schritt, Tag für Tag; sie ziehen die Spur einer anderen, neuen Welt durch diese alte. Ich sehe ihre große Liebe, und ich glaube, was ich sehe.

Und ich habe ein Buch, oder besser: Ein Buch hat mich. Dies jüdische Buch *Bibel* mit seinen Worten von Recht und Frieden und alle-Dinge-neu. Und ich erkenne sie ineinander wieder, jenes Buch in diesen Menschen, diese Menschen in jenem Buch – ich erkenne die gleiche große Liebe, mitsamt Verzweiflung, Zweifel und Entbehren. Ich sehe und ich lese den gleichen Glauben, die gleiche Intuition: Dass wir nicht für den Abgrund geschaffen sind.

Gelesen hab ich, was geschrieben steht,
mir anvertraut an unbewiesenen Worten:
Wege zum Leben ließest du mich erkennen,
nicht für den Abgrund hast du uns gemacht.
PSALM 16

Unbewiesene Worte, jedoch gefüllt mit der Kraft jahrhundertelang geschärfter Intuition, mit jahrhundertelang weitergetragener Hoffnung gegen Verzweiflung: »Nicht für den

Abgrund«. So wie ich nicht aus dem Urknall, sondern aus einer Hand bin – wohl auch aus dem Urknall, mag sein, aber auch und mehr: aus einer Hand. Dieselbe Hand, die den Meeren ihren Ort zugewiesen und die Sterne am Firmament befestigt hat. Und diese Hand lässt mich nicht in den Abgrund fallen – das ist die große Intuition. Dass das letzte Wort der Weltgeschichte nicht dem Götterpaar *Blindes Schicksal* und *Blöder Zufall* zusteht, sondern dem Namen »Ich werde da sein«, der da war im Anfang.

Aus dieser großen Intuition heraus wurde das Buch von Abraham und Mose und Jesus geschrieben – und wird es gelebt, innerhalb und außerhalb aller christlichen Kirchen, Hoffnung gegen Verzweiflung. Menschenwürdig.

3

Wer von Zeit zu Zeit, von Woche zu Woche in die Kirche geht, hört dort Worte, die der jüdischen Heiligen Schrift, der biblischen Glaubensgeschichte entnommen sind. Was ist das eigentlich, eine Kirche? Sie ist ein Ort, wo wir Anteil haben an der Kraft der Schrift, an der Lebensweisung, die darin geschrieben steht. Tora, Antwort auf die Frage: Was sollen wir tun, um nicht umsonst und sinnlos, sondern menschenwürdig zu leben.

Das hebräische Wort »Tora« wird gewöhnlich mit »Gesetz« übersetzt. Das ist jedoch eine zu dürftige Wiedergabe, die uns auf den Gedanken bringen könnte, dass es sich in der »jüdischen Bibel« um das Einhalten von Geboten, in der »christlichen« Bibel hingegen um Liebe handle; der Gott des Mose wäre dann vor allem ein strenger Gesetzgeber, der Gott Jesu ein liebevoller Vater. Doch das ist ein Missverständnis. Die Tora ist eine Liebeslehre, Liebe vor allem auch im Sinne von »Solidarität«.

In der Bibel wird die menschliche Existenz aus der Hoffnung heraus dargestellt und besungen. Erinnere dich an die Geschichte von der Schöpfung des Menschen. Am Tage, da Gott Erde und Himmel schuf, knetete er den Menschen aus dem Staub der Erde und blies Lebensatem in seine Nase. Er pflanzte einen Garten, setzte den Menschen dort hinein, und sprach: »Es ist nicht gut, dass der Mensch allein ist« (Genesis 2,18). Da schuf er »die Andere« – und da ward, was noch heute ist und immer wieder werden muss: Menschen, die einander zum Nächsten, zu Antwort und Augen, zur Quelle von Leidenschaft und Frieden sind.
So lautet die Geschichte unseres Ursprungs und unserer Bestimmung.

Es wurde in Menschen gesehen, ehe es niedergeschrieben wurde. Es kommt von unten: Was Menschen gelebt haben, mühevoll von Tag zu Tag, ist zu Geschichte und Lied geworden. Jahrhundertelange Lebenserfahrung hat sich zu diesen Bildern vom Anfang verdichtet: zwei Menschen, die – so steht es im ursprünglichen Text der Genesis, dem Buch der Schöpfung – »sich gegenüber einander eine Hilfe sind« und die in ihrer Hingabe aneinander nicht beschämt werden. So ist es gemeint, sagen die Dichter des Buches der Schöpfung, und sie schildern es, indem sie erzählen, wie es angefangen hat.

Die Heilige Schrift ist ein niedergeschriebener Weg, ein Weg von Worten: Worte zum Tun. Ein »Lehrbuch« für

Lebens- und Glaubenserneuerung: Anhand des biblischen Lebensunterrichts versuche ich, die Hoffnung wiederzufinden – unten angesiedelt, praktisch, mit den Füßen auf der Erde. »Tora« ist Vision und Lebensregel von Tag zu Tag. Was ist die unten angesiedelte, schlichte Leberegel, die dem hohen Ideal, Menschheit-im-Licht, ebenbürtig ist? »Habe deinen Nächsten lieb, der ist wie du, deinesgleichen«: Dieses Wort gilt in der jüdischen Tradition und aus dem Munde Jesu als die bündigste Zusammenfassung der ganzen Tora (Levitikus 19,18; Markus 12,31; Matthäus 22,39; Lukas 10,27).

Eine Kirche ist ein Ort, wo diese Schrift gesungen wird, gelesen, buchstabiert, ausgelegt, angewendet, »in Worten und Zeichen« gefeiert – und immer wieder neu befragt. Menschen, die zusammenkommen, um an der Inspiration und am »Geist« der Schrift Anteil zu haben, um bei den überlieferten Worten Ermutigung und Licht und womöglich gegenseitige Unterstützung und Einsicht zu finden: Sie nennen sich von alters her eine »Gemeinde«, ein »Zusammenwohnen« unter der Obhut des Wortes, eine *Ekklesia* (auf Deutsch: die »Zusammengerufene«), zusammengerufen als Teilhaber an derselben Berufung.

4

Eine Stadt des Friedens, eine neue Erde, ist das »Letztendliche«, auf das hin die Schrift geschrieben ist. Aber es fängt an in den tiefsten Tiefen des Elends, mit der Darstellung von Unterdrückung und Ausbeutung, Knechtschaft – einem Los, dem bis heute Millionen von Menschen ausgesetzt sind, Menschen wie wir, Kinder wie unsere Kinder.

Man lese die ersten Kapitel des biblischen Buches Exodus-Auszug: Man setzte Aufseher über sie, die sie unterdrückten, die sie schlugen und mit hartem Dienst ihr Leben erbitterten, und sie zu Sklaven machten.

Während jener langen Zeit starb der König von Ägypten. Die Israeliten aber stöhnten unter der Arbeit und schrien, und von der Arbeit stieg ihr Hilferuf auf zu Gott. Und Gott hörte ihr Seufzen, und Gott gedachte seines Bundes mit Abraham, Isaak und Jakob. Und Gott sah auf die Israeliten, und Gott nahm sich ihrer an.
EXODUS 2,23–25

Die Welt ist heute keine andere, es sind die gleichen Menschen. Harte, weiche, ängstliche, mutige, schöne, furchterregende, unberechenbare. Wer die Bibel liest, erkennt sie. Wie viel wir auch von dieser ungewöhnlichen Erzählart und Bildersprache nicht verstehen mögen, wir verstehen, dass es sich um Menschen handelt wie wir, aus demselben Staub gemacht; mit Augen, die zu sehen versuchen, was es zu sehen gibt – aber noch nie hat jemand Gott gesehen, damals nicht und bis heute nicht. Wie aber die Menschen damals mit ihrem verborgenen Gott umgegangen sind, wie sein Wort in ihnen fortgewirkt und ihre Einsicht und Blickrichtung geändert hat, *das* steht geschrieben und *das* ist bis heute erkennbar. Der Trost der Schrift.

5
Die jüdische Bibel ist die tiefste und kräftigste Schicht der christlichen Tradition. »Quelle lebendigen Wassers« wird

die Lebensweisung der Tora in der Bibel selbst genannt, »Brot des Himmels«, Proviant in der Wüste.

Aus dieser Quelle hat die Gemeinde der Jünger Jesu immer getrunken; dieses Brot hat sie während ihrer Zusammenkünfte gebrochen und ausgeteilt. In einem frühchristlichen Lied, verfasst um das Jahr 120, wird die Einsicht ausgesprochen, dass »wir« (Nicht-Juden) Anteil bekommen haben an »der Weisheit und dem Leben« Israels – mit einem beliebten Bild aus den Psalmen und den Prophetenliedern wird Israel »der heilige Weinstock Davids« genannt.

Gesegnet seist du, Einziger, Gott,
um Davids willen, deines heiligen Weinstocks,
an dem du uns Anteil gegeben hast
durch Jesus, deinen Knecht.

»Wir«, Kinder der »Heiden« (oder mit einem weniger aufgeladenen Wort: der »Völker«), wir sind dem »edlen Ölbaum« eingepfropft, wie Paulus in seinem grundlegenden Brief an die Ekklesia zu Rom schrieb. »Ihr habt Anteil bekommen am Saft des Ölbaums«, an der Lebenskraft Israels. Oder in einem anderen Bild: Durch Jesus sind wir auf den Weg der Tora gekommen; er ist uns auf jenem »ewigen« Weg vorausgegangen. Dass der Gott Israels unser Gott sein will, das wissen wir durch ihn. Und bis heute rät uns diese ganze Tradition, wenn auch manchmal erstarrt und benommen, die Schriften Israels zu lesen als an uns gerichtet, *heute.*

Wer die Worte der Tora in seinem Herzen trägt, der trägt »das Land« in seinem Herzen. Kraft dieser Liebeslehre haben Menschen Oasen geschaffen in der Wüste. »Die Steppe wird blühen, die Steppe wird lachen und jauchzen« (Jesaja 35,1–2), kraft der Tora. Wer die Worte nicht tut, sich nicht vom Prinzip der Gerechtigkeit leiten lässt, der verspielt das Land, macht es wieder zur Wüste. *Höre Israel. Höre du, der dies liest.*

GOTT

WAS HEISST GOTT?

1

Was ist die gängige Bedeutung des Wortes »Gott« in Wörterbüchern, in Umfragen und in der öffentlichen Meinung?
Höchstes Wesen. Allmächtig. Streng. Er belohnt und
straft – immer ein Er, gelegentlich ein Das, aus dem bald
»das Schicksal« wird. Knapp 50 Prozent der Niederländer
gibt an, an so etwas wie einen »Gott« zu glauben, aber eine
Mehrzahl unter ihnen weiß nicht klar zu sagen, was sie
denn eigentlich glauben. Oder was »glauben« ist, wie sie es
tun, wie sie darauf gekommen sind. Die meisten Menschen
verirren sich in ihren eigenen Worten und widersprechen
sich: Dieser strenge Allmächtige ist ein großes Rätsel, alles
dies geht einem über den Verstand – und das also hieße
»glauben«.

2

In einem Interview aus dem Jahre 1987 sagte der niederländische Befreiungstheologe Ton Veerkamp: »Gute Theologie
soll analysieren, was Menschen über Gott sagen: Was wird
von wem ›Gott‹ genannt? Seit Menschengedenken ist in jeder Gesellschaft von ›Göttern‹ die Rede. ›Gott‹ ist ein Wort
für dasjenige, was in einer Gesellschaft hoch angesehen ist,
wem die Menschen hinterherlaufen, wer das Sagen hat.
Wirkliche Theologie fragt: Was und wer funktioniert hier
und heute als Gott: die Atomwaffe, der Chip, der freie
Marktmechanismus? Aber auch: die Überlegenheit des
Mannes oder der europäischen Zivilisation, der weißen
Rasse – bedenk es nur oder besser: sieh nur! Kein Mensch

nennt all das ›Gott‹. Aber umso besser funktioniert all das abwechselnd als Gott. Niemand bemerkt, dass das die Götter sind, denen wir hinterherlaufen. Als Theologe soll man ›die Götter‹ identifizieren, damit man sie entlarvt. Man soll aufzeigen, welchen ›Göttern und Mächten‹ die Menschen zum Opfer fallen und aus welchen Machtbereichen wir befreit werden müssen.«

In der Bibel, in diesem Buch, welches einen so großen Einfluss auf unsere westliche Kultur gehabt haben soll, wimmelt es von Höchsten Wesen, Machthabern, Herren-und-Meistern, Pharaonen, Kaisern und Königen, welche Menschen unterdrücken, ausbeuten, ausschließen, »auf dem Schutthaufen vernichten«, wie der chilenische Dichter Pablo Neruda (1904–1973) schrieb. »Wimmeln« ist ein zu harmloses Wort für all diese intrigierenden, einander auszustechen suchenden, einander vom Götterberg abdrängenden, kämpfend über die Erde tosenden Götter und Göttinnen, starke Männer, *Iron Ladies*. Nach der biblischen Geschichte gibt es nur Einen, der »Gott« genannt werden darf. Ein Gott ohne Gestalt, nicht abbildbar. Nur Stimme.

3

Gibt es Gott – was meinst du? Ja, was meine ich, schöne Geschichten, es wäre schön, wenn das alles wahr wäre. Gott? Ich denke: nein, möchte aber: ja. Manchmal empfinde ich: ja – aber man weiß es nicht – ein Allmächtiger? Hab nichts davon bemerkt. Und so weiter.
Die Bibel handelt von Göttern, die es gibt. Götter sind »Mächte über Menschen«. Götter sind Menschen, die es wagen, andere Menschen mit Peitschen zu schlagen. Das

eherne Gesetz, dass »der Schwache stirbt, der Starke über-lebt«, ist ein »Gott«. Das Recht des Stärkeren ist ein »Gott«. Und dass es in der Welt noch immer so zugeht, dass wenige auf Kosten vieler leben – das ist die Macht einer ganzen Götter- und Göttinnenschar. All diese unverrückbaren Gesetzmäßigkeiten und Zwangsläufigkeiten sind in »Göttern« personifiziert. In der Bibel ist die Rede von »Besitzern, Gebietern, Herren«, aber sie werden Nichtse, Hohlköpfe, Nichtswürdige gescholten. Sie führen zu »nichts« oder besser: zur Vernichtung der Erde, Vernichtung der Menschheit. Dass es sie »gibt«, ist jedoch so gewiss, wie das Elend der Unterdrückten sichtbar ist.

Gegen diese Götter »gibt« es Einen, dessen Name unaussprechlich ist, der ohne Gestalt, ohne Bild, nur Stimme ist. Stimme, die dich ruft: »Wo bist du, wo ist dein Bruder? Was tust du? Warum tust du nicht das Gute? Ich habe dir gesagt, o Mensch, was gut ist – Gerechtigkeit zu tun.« Diese Stimme nur ist Gott.

Du kannst ihn hören. In der ganzen Bibel wird gesagt, dass wir eine Stimme gehört haben. Wir, ich, du – erkennst du dies? Einstmals, an einem bestimmten Moment in deinem Leben, du warst in der Tiefe oder im siebten Himmel, in der Wüste oder in einem Garten, in der Nacht, im Sturm, in einer Windstille, du warst in dir selbst, in einem andern – wir waren mit vielen, unter *einem* Dach, an *einem* Tisch: Einstmals hätten wir eine Stimme gehört, die aus dem »Feuer« rief (Exodus 3,2). Feuer ist undurchdringbar, du kannst nicht *hinein*. Eine Stimme aus dem Unerreichbaren, vom anderen Ufer, und doch nahe. Du hörtest deinen

Namen und du verstandest, du wusstest dich gerufen. Zu was? Das kommt nachher. Zuerst kommt die Sekunde, da du weißt: Ich bin es, der da gerufen ward. Alle »Gottheit« der Welt schweigt erbarmungslos, kommandiert, höhnt, beschuldigt oder befiehlt. Dieser ruft. *Stimme, an dich gerichtet.*

Licht, rief die Stimme, so steht in jenem Buch geschrieben, damit hat es angefangen. Der erste Anfang heißt »Schöpfung«. Der zweite Anfang heißt »Befreiung«. Man sagt wohl auch »Erlösung«; Erlösung klingt so geistig – während doch nichts so körperlich ist, wie ein Kind aus dem Mutterschoß, einen Mutterschoß vom Kind erlösen. In der Kirchensprache hat »Erlösung« vor allem mit deiner Seele zu tun. In der Bibel geht es um die Befreiung des *ganzen* Menschen.

4
Im biblischen Buch des Auszugs steht geschrieben, dass Mose seinen Namen aus dem brennenden Dornbusch rufen hört. Die rufende Stimme sagt, dass er der Gott Abrahams, Isaaks und Jakobs ist und dass er das Elend »der Kinder Israels« gesehen hat; dass er ihr Schreien aus der Unterdrückung gehört hat und dass er herabgestiegen ist, um zu befreien.

Um klarzumachen, dass der Gott von Abraham und von Mose und von Jesus nicht das Höchste Wesen ist, das seit Menschengedenken und immer wieder neu erdacht, geträumt, gefürchtet und gehasst wird und in dessen Namen Menschen einander unterdrücken und kalte Schauder den Rücken hinunterjagen, wagt es die Bibel, in diesem unvergesslichen Bild den Unabbildbaren zu nennen: Du meinst, er throne in unerreichbarer Ferne, aber er ist »herabgestiegen«. In einer Welt, in der das Wort »Gott« immer noch »allerhöchste Macht« und »Höchstes Wesen« bedeutet, in der Millionen schmählich von allerhöchsten Mächten abhängig sind, ist ein Gott-der-herabsteigt-um-zu-befreien völlig unvorstellbar. Sagen wir: ein Nicht-Gott.

»Gesehen habe ich, gesehen. Und gehört habe ich«, sagt dieser herabgestiegene Gott. Wie hat er gesehen? Kalt und erbarmungslos, mit dem höhnenden Lächeln, das wir von so vielen Menschenantlitzen kennen? »Gesehen habe ich, gesehen« heißt: Gesehen habe ich, bis ich nicht mehr konnte, bis ich es, blind vor Tränen, nicht mehr ansehen konnte; da bin ich herabgestiegen, aus meinem Himmel, von meinem Thron, aus mir selbst. Wenn du je auf einem Thron oder auf einem eigenen Stuhl saßest, in einer hohen, bequemen Position, so weißt du, dass du herabsteigen musst, um jemandem helfen zu können. So steht es von diesem Gott geschrieben: Herabgestiegen bin ich, um sie aus Ägyptens Hand zu befreien.

5

Das Schreien der Kinder Israels ist zu mir gedrungen, und ich habe auch gesehen, wie die Ägypter sie quälen. Jetzt geh, ich sende dich zum Pharao. Führe mein Volk, die Kinder Israels, aus Ägypten heraus.
Mose antwortete Gott: Wer bin ich, dass ich zum Pharao gehen und die Kinder Israels aus Ägypten herausführen könnte?
Da sprach er: Ich werde mit dir sein, und dies sei dir das Zeichen, dass ich dich gesandt habe: Wenn du das Volk aus

Ägypten herausgeführt hast, werdet ihr Gott an diesem Berg dienen.

Mose antwortete Gott: Wenn ich zu den Kindern Israels komme und ihnen sage: Der Gott eurer Vorfahren hat mich zu euch gesandt, und sie sagen zu mir: Was ist sein Name?, was soll ich zu ihnen sagen?

Da antwortete Gott dem Mose: Ich werde da sein, so wie ich bin. Und er sprach: So sollst du zu den Kindern Israels sprechen: Ich-werde-da-sein hat mich zu euch gesandt. JHWH, der Gott eurer Vorfahren, der Gott Abrahams, der Gott Isaaks und der Gott Jakobs, hat mich zu euch gesandt. Das ist mein Name für immer, so werde ich eurer gedenken von Generation zu Generation.

EXODUS 3,9–15

6

JHWH, vier Buchstaben bilden den Namen, der nicht ausgesprochen wird, der aber von dieser Stimme aus dem Feuer übersetzt wird als »Ich werde da sein, so wie ich bin« – und so wie ich bin, so werde ich tun: Ich sende dich zu den Kindern Israels, die ich vor Elend habe schreien hören. »Das ist mein Name für immer, *so werde ich eurer gedenken ...*«: »Ich werde da sein« wird immer und immer wieder neu erkennbar sein in einem, der – wie Mose – zu Menschen in Not gesandt wird. Er »ist da«, kommt nahe, ist gegenwärtig und wirkt in Menschen, die sich zu Menschen-in-Not senden lassen. So denkt die Bibel über Gott. So denkt, sagt die Bibel, Gott über Menschen.

Beweise es nur, dass du gesandt worden bist, eine Menge Führer hat es von sich behauptet. Beweise es dir: gesandt, um Erdrückte in Freiheit gehen zu lassen; vielleicht nur *einen* Erdrückten, *einen* Trostlosen, der einmal kurz *auf*atmete. Dass du gesandt bist, weißt du meistens erst da, wo du »wie gerufen« kommst. Und wenn du zuhörend lebst, so hörst du ein Rufen, und manchmal weißt du, dass es an dich gerichtet ist. Am unumgänglich Konkreten wird immer wieder klar werden, dass du gesandt bist. Unumgänglich konkret sind obdachlose Kinder, vor Hunger aufgeblähte Bäuche, Brandwunden und all jene anderen Schmerzen – und gegen den Schmerz hilft nur, dass du dabei bist, mit deiner Körperwärme und mit deiner Zuwendung, wohl auch deine »Seele« genannt.

7

Das Wort »Gott« ist in Missverständnissen und Gerede eingesponnen. Es gibt eine unbewusste Sprache über »Gott«, ein Sprachsammelbecken, in dem allerlei nebeneinander hergeht, biblischer, griechisch-philosophischer, germanischer oder östlicher Herkunft. Und es kursieren allerhand Gerüchte über »Gott«. Ich vermute, dass viele von den Menschen, die am Sonntag in der Kirche zusammenkommen, dieses Unbewusste teilen und von den Gerüchten in Verwirrung gebracht werden; sie meinen, es beziehe sich auf den Gott der Bibel, doch nein, es bezieht sich auf irgendein allmächtiges Höchstes Wesen.

Es scheint notwendig, den Namen des biblischen Gottes immer wieder neu zu erklären, und miteinander zu vereinbaren, dass wir mit »Gott« meinen: den *Einen,* der hört, wie Menschen ächzen, und der nicht dulden kann, dass sie erniedrigte, geknechtete, verlassene und verachtete Wesen sind, und der deshalb jemanden, dich, mich, zu ihnen sendet, um sie aus der Gewalt ihrer Unterdrücker zu befreien. Dieser, der Menschen zu Menschen in Not sendet, der *so* heißt, ist nicht der Gott der Wörterbücher, der Umfragen und der öffentlichen Meinung.

Nachwort

»Er«, so wird von der unabbildbaren »Stimme-aus-dem-Feuer« gesagt. Persönlich – nicht Es. Dies ist ein entscheidender Unterschied. Woran glaubst du? Nun, ich glaube schon, dass es etwas gibt. Etwas. Etwas oder jemand? Jemand, sagt die Geschichte aus dem Buch Exodus. Jemand, der hört, weiß, sieht. Nicht das Schicksal – das Schicksal *hört* nicht, *spricht* nicht – in den Liedern Israels werden alle Götter deswegen verhöhnt, weil sie stumm sind. Dieser spricht. »Etwas« hat keine Augen, zu sehen – »gesehen habe ich, gesehen die Unterdrückung«, sagt die Stimme zu Mose. »Etwas« kennt kein Leid, hat kein Herz. Die Bibel ist die Bibel, weil sie von einem Gott spricht, der das Herz hat, sich auf Menschen in Not einzulassen. Und dann bist du *jemand.*

DER NAME

1

Im zweiten Buch der Bibel, Exodus, Auszug, heißt Gottes Name: »Ich werde da sein – ich sende dich«. Die Bedeutung dieses Namens wird allmählich, im Laufe der Befreiungsgeschichte »offenbart«.

Abgehetzte Sklaven entfliehen dem Höchsten Wesen, dem Pharao, der sie quält, gehen durch das Meer und ziehen in die Wüste, auf dem Weg zu gutem weitem Land, das ihnen verheißen ist (Exodus 3,8). Dort, in der Wüste, verirren sie sich, in sich selbst und ineinander – keine Wüste so wild wie eine Gruppe Unterdrückter, aus der ein Volk, eine Gemeinschaft werden soll und die dann doch … über sich selbst hinaussteigen, hinausgehoben werden. Und miteinander zu leben lernen, sich zu erbarmen lernen, Solidarität lernen. Versklavte menschliche Wesen werden »wir Menschen«. Kraft des Namens.

Für viele Menschen deutet das Wörtchen »Gott« denjenigen an, welcher der denkbar Höchste ist, das höchste Gut, die lauterste Schönheit, letzte Wahrheit in Person.
In der Bibel ist die Rede von nur »Einem, der würdig ist, Gott« genannt zu werden. Was ist nach diesem Buche das höchste Gut und die letzte Wahrheit? Die Befreiung von Menschen aus allem, was sie enteignet. Darum heißt der Gott dieses Buchs: Befreier-Gott und »Ich werde da sein«. Der Name wird ausgelegt, erläutert, erklärt, dargestellt, in Geschichten über Menschen, die gegen Unrecht revoltieren und einander aus Sklaverei und Erniedrigung wegführen. Solche Menschen »leben« den Namen.
Der Name Gottes bedeutet, dass die Erniedrigten aus dem Staub erhoben werden. Das klingt wie ein Versprechen, es ist ein Auftrag: der politische Auftrag an gegenwärtige Menschen, heute erniedrigte Menschen aus ihrem Elend aufzuheben – das heißt: die Berufung, »Gerechtigkeit« zu tun. Ein prächtig-stures biblisches Wort: Gerechtigkeit. Du brauchst keine Angst davor zu haben. Es bedeutet nicht

mehr oder weniger, als dass du neue menschliche Verhältnisse schaffen sollst, dass du dich nicht mit den üblichen,
flachen, verfremdenden, versklavenden, unterdrückenden
Beziehungen zwischen Menschen begnügen sollst. Aber
dann auch, dass du in allen deinen Beziehungen zu Menschen etwas von einem Lebensstil sichtbar zu machen versuchst, der den Gedanken an »ein gutes weites Land« (Exodus 3,8) heraufbeschwört. Wir müssen versuchen, das Wort
»Gott« mit der biblischen Auszugs- und Befreiungserzäh-
lung zu füllen und es unlöslich mit der Vision eines guten,
weiten Landes zu verbinden.

2

Dort stehen sie nun, am Fuße des Berges Sinai – sie? Wir.
Ich. Ich stand dort, in jener Menschenmenge, in meiner eigenen Sprache empfing ich die Worte und in meinem eigenen Herzen erklang es – *ich* ward angesprochen, so wie *ich*
geschaffen, gesehen, erkannt worden bin. Kein Mensch ist
Nicht-Ich. So denkt die biblische Glaubenserzählung über
Menschen. Niemand wird nicht von der Sinai-Stimme angesprochen. In der jüdischen Auslegung dieser Erzählung
wird gesagt, dass die Tora in allen Sprachen der Welt gegeben ist. Damit niemand sagen könnte: »Das wusste ich ja
nicht – nicht töten? Keine Ahnung.«
In dieser Szene von der Stimme, welche die zehn Men-
schengemeinschaft stiftenden Worte spricht, ist die Geburt
des Gewissens dargestellt: Von nun an wissen wir, was wir
tun und lassen sollen, was verhütet und was geheilt werden
soll. Bin ich der Hüter meines Bruders? Ja, ich.
Was weiß ich durch mein Gewissen? Dass mehr Kraft in
mir ist als die vitale Kraft zur Selbstbehauptung und Selbst-

entfaltung: die Kraft, meine Freiheit einzuschränken, damit
mein Bruder, meine Schwester leben kann. Recht tun heißt
das »Recht des Stärkeren« einschränken, damit all jene anderen, weniger Starken leben können. Diese Evidenz nennt
die Bibel »Wort Gottes«, Wort des »Ich werde da sein«.

3

Zehn Worte, die wir »bei Tag und bei Nacht, zu Hause und
unterwegs« für uns selbst wiederholen werden, die wir in
unseren Kindern »schreiben« werden: »Diese Worte, die ich
dir heute gebiete, sollen in deinem Herzen bleiben« (Deuteronomium 6,6).
Hier, Mensch, deine eigenen Menschenrechte: dein Recht,
nicht ermordet zu werden, nicht ausgebeutet, schikaniert,
vergiftet, verrückt gemacht zu werden. Aber zugleich das
Lebensrecht aller anderen, jedes anderen, mit jenem arglo-
sen Wort »dein Nächster« genannt. »Nicht töten« – weißt
du, was das bedeutet? Dass keiner von euch und niemand
auf der Welt getötet werden darf. Aber dann bedeutet »leben«: für das Leben jedes beliebigen anderen eintreten.
Bei Nacht und bei Tag, zu Hause und unterwegs gibt es
also immer ein Muss: Das Recht auf Leben muss befürwortet, verteidigt, erkämpft werden. Lebensgefahr muss erkannt und ihr vorgebeugt werden, Lebenschancen müssen
geschaffen werden, immer wieder, bis an die äußersten Enden der Erde. Es muss gerechnet und studiert werden. Ein
Plan geschmiedet, ein Wort gefunden, ein Traum aufgeschrieben, Musik gespielt werden; es muss auch gestreichelt
und geherzt werden, es müssen Kinder geboren werden,
manchmal auch nicht; es muss sorgfältig überlegt, revidiert,
gutgemacht, vergeben und vergessen oder gerade nicht ver-

gessen werden. Das alles muss immer geschehen, denn sonst stirbt das Leben – was meinst du, *so* zu leben, *geht* das? Ja, doch, es geht. Es ist möglich, den Namen von »Ich werde da sein« zu vollbringen.

4

Wie vollbringt dieser Gott selbst seinen Namen – wie weit geht er im »da sein«? Sie wollen keine Stimme, sondern einen Gott auf Beinen, ein goldenes Stierkalb. Das wird sie zu den Fleischtöpfen Ägyptens zurückführen, wo sie, unterdrückt zwar, es dennoch besser hatten, so wähnen sie, als hier in der Wüste.

Zurück nach Ägypten? Die Welt, die zu »neuer Erde« werden soll, die alte Erde, dieses Gewebe, in dem wir gefangen sind, oder richtiger: diese Maschinerie von Unterdrückung und Betrug – denn beim Wort »Gewebe« ließe sich noch an etwas Naturhaftes denken. Das Wort »Maschinerie« hingegen deutet unmissverständlich auf Menschenwerk – diese »alte« Erde wird in der Sprache der Bibel »Sklavenhaus« oder auch »Ägypten« genannt – Ägypten steht der »neuen Erde« gegenüber so wie die Finsternis dem Licht. Für Sklaven, aus jenem Sklavenhaus befreit, müsste die Rückkehr nach Ägypten, der Rückfall in diese Art Nicht-Sein, ein Schreckgespenst, eine Vision des Grauens sein. Auch dieses Schreckgespenst ist aufgeschrieben, als Warnung, abschreckend.

Wenn du nicht deinem Gott »Gehorsam« leistest, das heißt: Wenn du dem Namen, der Vision der Befreiung, die in diesem Namen beschlossen liegt, kein Gehör schenkst, so gibt es statt »gutes, weites Land«: Raserei, Blindheit, Wahnsinn,

Pest, Hungersnot, Faulbrand und Schwindsucht. Dann gibt
es wieder Ägypten. Geh, zieh weg von hier. Ich werde nicht
mehr in eurer Mitte mit euch ziehen, ich werde nicht da
sein. So sagt der Befreier-Gott zu Mose.

Die Bedeutung der berühmten Szene mit dem Goldenen
Kalb kann uns leicht entgehen. Ihre Bedeutung ist grimmig: Der Name »Ich werde da sein« wird zum Symbol der
eigenen militärischen und sexuellen Potenz, eines Wertesys-
tems, in dem die zehn Worte der Befreiung (die zehn Gebote) nicht länger als Richtung und Lebensregel gelten. Die
zehn Worte, welche einmal als die »Magna Charta der
Menschlichkeit« charakterisiert worden sind, werden abge-
schafft und durch ein System des Lebens und Denkens ersetzt, dessen Kriterium nicht die Gerechtigkeit ist, sondern
»das Recht in der eigenen Hand«, das Recht von Blut und
Boden, das Recht des Stärkeren also, Raub und Terror.
Als 1933 Hitler an die Macht kam und das nationalsozialistische Regime seine altgermanischen Liturgien feierte, erkannte eine Minderheit, im Lehrhaus der jüdischen Bibel
geschult oder nicht, die Szene des Tanzes um das Goldene
Kalb.

Über jenes Regime schrieb der jüdische Schriftsteller Abel
Herzberg: »Man weiß, was geschehen ist. Alles, was der
Menschheit sakrosankt geworden war, wurde zertreten.
Kein Kranker, kein Hilfloser, kein Kind, keine Waise wurde
verschont. Es waren keine Schurken, Kriminelle und Wahn-
sinnige, sondern einfache Leute, die vom Nationalsozialis-
mus ergriffen wurden und manchmal in die schrecklichsten
Grausamkeiten verfielen. Es war an das Heidentum in ih-

nen appelliert worden, das in uns allen lebt, an den ungebändigten Barbarismus, und als es ihren Interessen ent-
sprach, sangen fast alle: Heil, Sieg Heil. Hätte Hitler den
Juden erlaubt, mitzusingen, so hätten viele unter ihnen es
getan.«

5

Mose mit seiner schweren Zunge. Der erste Mensch, der in
der biblischen Geschichte »im Namen Gottes« spricht, der
erste Verkünder der Tora, leidet an einer »Sprachstörung«.
Mose widerspricht Gott: Du musst mitkommen, dein Angesicht muss mitkommen. »Angesicht« ist das Wort für dieje-
nige Seite Gottes, die den Menschen zugewandt ist: seine
besorgte, sehende, gnädige Seite, das meist Kennzeichnende
und Unbegreifliche an ihn. *Das* soll mitkommen. Sonst gehen wir nicht von hier. Mose überredet ihn, »Ich werde da
sein – ich sende dich« lässt sich durch sein Bitten bewegen
und bekehrt sich: »Auch was du jetzt gesagt hast, will ich
tun.« Was wird er tun? »Ich selbst werde meine ganze Güte
an dir vorüberziehen lassen und den Namen JHWH vor dir
ausrufen« (Exodus 33,19).
Da stieg er herab und rief: Ich werde da sein, von nun an,
so wie ich da war *vor* diesem Goldenen Stierkalb (*vor* eurer
Untreue). Ich werde erbarmend, gnädig, langmütig sein:
Überfließend vor Freundschaft und Treue. Und wenn ich
auch das Unrecht, das Menschen einander zufügen, nicht
ungeschehen machen kann und wenn auch die Folgen bis
ins dritte und vierte Geschlecht getragen werden müssen,
meine Liebe-und-Treue werden dauern, fortwirken, bis ins
tausendste Geschlecht (Exodus 34,6–7).

Dies ist sein Name. Wie sollen wir leben? Erbarmend, gnädig, langmütig.

6

Überall in der Schrift steht, dass der Name über uns ausgerufen worden ist. Das ist, in einem Satz, die ganze Geschichte. Sagen, der Name sei über dir ausgerufen worden, heißt: Du nimmst den Namen als dein Lebensprinzip, deinen Ausgangspunkt, den Weg, den du gehen willst – dazu gehörst du. Das heißt dann: Dass du langmütig und voller Barmherzigkeit leben möchtest. Nicht aus dem Unrecht heraus, das dir angetan wurde. Sondern aus der Vergebung heraus: Ungerechtigkeit tragend, Sünde forttragend.
Aber wie ist das möglich? Versuche nur, es dir vorzustellen aus der Sicht von Menschen, die gemartert worden sind – während wir regelmäßig detaillierte Berichte darüber empfangen, die ja niemand ohne Schauder lesen kann.
In diesem Namen leben hieße: Dass nicht Hass, nicht Erbitterung, sondern Neuanfang dein Lebensprinzip, die Grundlage deines Denkens über diese Welt und deines Umgangs mit Menschen ist.
Aber auch: Dass du nicht denkst und handelst aus dem Bösen heraus, das du selbst getan hast, als gälte es für immer und wäre unaustilgbar.
Und dass du nicht aus den Fehlschlägen, die dein Teil sind, oder aus Scham und Schuldgefühl heraus denkst und handelst; dass du all dein eigenes Versagen und das Versagen anderer nicht mit deiner Hoffnung auf die Zukunft verrechnest und so nichts als zynischer Stillstand und Angst bliebe. Dass du also nicht starrst auf das, was einmal war, dass du an die Beständigkeit dessen glaubst, was gut ist,

dass du deiner Intuition von Recht und Unrecht treu bleibst.

Diese Erzählung über den Namen Gottes weiß, dass *nicht* zu vergeben nicht zur Befreiung gereicht (so wie auch bloß zu vergessen nicht zur Befreiung gereicht). Reue und Groll lähmen uns und verfinstern die Bilder von Liebe und von Frieden, die wir in unserem Herzen tragen. Menschen, denen es gegeben wurde, das tote Gewicht der Vergangenheit hinter sich zu lassen, lernen neu zu sehen und finden den ursprünglichen Sinn des Lebens wieder. In der Sprache der Bibel wird von solchen Menschen gesagt, dass sie neu geboren worden sind.

VORSEHUNG

1

Gibt es einen fürsorglich »vorsehenden« Gott? Bei jedem Verkehrsunfall und bei allen Katastrophen der Welt sind sich Menschen bewusst, dass sie nur durch Zufall dort sind, durch *Blöden Zufall*. Immer weniger Menschen glauben, dass ein Gott es so fügt. Es gibt auch glückliche Zufälle, Begegnungen, welche Glück bringen, für kurze Zeit oder fürs Leben. Aber auch glücklicher Zufall kann in Schicksal umschlagen. Das erkennt oder verdrängt jeder. Diese Erkenntnis ist in wüsten Mythen dargestellt: Ein blinder oder gerade ein allsehender Gott, würfelsüchtig, lässt die Würfel fallen, sie kippen, rollen ein wenig weiter, bis sie still daliegen. So liegt die Welt darnieder, »die Zeiten zerstoben, deren Ordnung ich nicht kenne« (wie Augustinus schrieb), ohne Bestimmung. Ein Mensch als Fetzen und Fragmente eines »Ichs«, ein Nebel von Erlebnissen, von zufälligen Verbindungen von Eindrücken, ohne Kern – wer begegnet wem? Manchmal ist es nett, öfters ist es nichts.

Alles, ich, die Geschichte ist Vielfalt. Einst wurde diese Vielfalt als Einheit erlebt, als Universum, als Zusammenhang von Gegensätzen und Extremen, und das Wunder der Einheit bestand gerade in der spannenden Schattierung des Vielfältigen. Die Erfahrung, dass alles auseinandergefallen, »zerstoben« ist, dass die Geschichte keine Richtung hat, nicht einmal ein einziges Lebensjahr, dass es keinen Ursprung und keine Bestimmung gibt, scheint allgemein zu sein und heißt »postmodern« oder auch »postchristlich«. Wer wagt noch zu sagen, dass er *vor* seiner Geburt »gesehen« und erkannt ist, dass er einen Weg geht und begleitet wird – »Du der mein Leben so geführt hast bis hierher, dass ich noch lebe«?

All meine Lebenstage standen in deinem Buch,
bevor auch nur einer durch dich geschaffen wurde.
PSALM 139,6

Aus diesen geflügelten Worten aus Psalm 139 wie aus anderen Bibelworten über einen Gott, einen Vater im Himmel, der weiß, was du brauchst, da er ja die Blumen des Feldes kleidet (Matthäus 6,26.28) und ohne den in der heißesten nahöstlichen Mittagsstunde kein Spatz vom Dach herunterfällt und der alle Haare auf deinem Scheitel (und also gewiss alle Tage deines Lebens) gezählt hat (Matthäus 10,29–30 – aus solchen lyrischen Bibelstellen wurde, als Antwort auf griechisches »Schicksalsdenken« eine »Theologie der Vorsehung« geschmiedet.

Vorsehung: »Das unpersönliche Pseudonym für Gott in seiner allerpersönlichsten Sorge«, so schrieb Frits van der Meer, Meisterkenner der altchristlichen Kunst und jahrelang der beredtste Verfechter der Erneuerung von Kirche und Liturgie, gestorben 1994. Sein *Catechismus* (1941) ist ein klassisches Meisterwerk, in welchem, wie in vielen Klassikern, glänzend beschrieben steht, was sich heute unmöglich noch *so* sagen und erfahren lässt.

Vorsehung: In vielen Theologenschulen ist dieses Wort bis zum Verrücktwerden durchdacht und ausfantasiert worden – in Lehrsätzen und populären Reden über Prädestination: Vorsehung bedeutete dann, dass Gott in seiner ewigen Vorkenntnis deinen und meinen Lebenslauf vorgezeichnet, »vor-geschrieben« hat: Für mich ein Weg über Rosen – für dich von der einen Gosse in die andere. Für sie ohne Kinder und ohne Partner – für ihn und für sie aber beide mit gar zwei Partnern und mit vier gesunden und auch zwei geistig behinderten Kindern – je nachdem.

Oder auch: Er, der das All beherrscht, unergründlich in seinen Ratschlüssen, erlaubt, dass Afrika in grundloser Armut versinkt, aber *uns* überrascht er täglich mit den Segnungen der freien Marktwirtschaft. Überdies hat er Auschwitz erlaubt, entgegen allen Versprechungen ewiger Treue, die er seinem Volk Israel *geschworen* – »O Gott, es gibt keinen Gott«, schrieb der niederländische Schriftsteller Multatuli in seinem »Gebet eines Unwissenden«.

2

»Alles trägt er durch sein allmächtiges Wort, alles besteht in ihm« – so zitiert Frits van der Meer in seinem *Catechismus* aus dem Hebräerbrief, und erklärt: »Wir Menschen leisten keine einzige Tat des freien Willens, ohne dass Gott uns dazu physisch imstande setzt, und dies nicht aus der Ferne, sondern *so* sehr nahe, dass Paulus zu den Athenern sagte: *In ihm leben wir, bewegen wir uns und sind wir.* In jedem Kräftespiel ist Gott Mitspieler und Erstursache: Die Kette aller untergeordneten Ursachen hängt überall und immer am ersten Glied Gott über dem Nichts. Und was Gott erhält, das regiert er. Nach dem Anstoß des Anfangs hat er seinen Kosmos nicht dem Zufall einer mechanischen Natur überlassen. Es gibt keinen Zufall, es gibt kein Schicksal, und die Unerbittlichkeit der Natur ist Schein. Hinter der Konstruktion der Natur wacht eine Sorge, die jeden und alles kennt und zu seinem Ziele hinführt.«

Ich lasse diese glänzenden Sätze unbehelligt. Sie stehen für eine ehrwürdige, über viele Jahrhunderte hinweg gepflegte Lektüre der biblischen Glaubensgeschichte. Aber nach Auschwitz, in einer Welt, postmodern-postchristlich, welche Zufall und Schicksal als letzten Wahrheiten huldigt, können und wollen immer mehr Menschen die Worte *so* nicht mehr hören/lesen. Wie aber dann?

3

In der biblischen Glaubensgeschichte steht in Bildern und Gleichnissen, in altorientalischer, poetischer Sprache geschrieben, dass der Gott Abrahams, Isaaks und Jakobs, der Gott Israels, der Gott von Jesus »oben« ist, hoch-oben, »im

Himmel« – dass er »vom Himmel her die Kinder Adams sieht«; dass er, dort oben, das Schreien von Menschen in Not hört; aus der Tiefe steigt es auf zu ihm, *dann* weiß er wieder, wer sie sind, die da schreien, und er wird bewegt und steigt herab – wie? So wie die Sonne herabsteigt in der Nacht. Er steigt herab, um zu befreien; redend – er ruft einen Menschen bei seinem Namen, Mose, und sendet ihn, um Erdrückte in Freiheit gehen zu lassen. Ich kann nicht, stammelt Mose, ich stammle nur so, *ich* kann nicht reden – »Ich werde sein bei deinem Mund«, sagt Gott-Ich-werde.

In einer Welt des *Blinden Schicksals* und *Blöden Zufalls* bahnt sich dieser »redende Gott« einen Weg quer durch Sprachverwirrung, Gezänk und tödliches Schweigen hindurch und lässt sich in Menschensprache nieder. Von seinem Hochgebirge Sinai steigt er herab in Zehn Worten – du sollst nicht, du sollst: Nicht töten, sondern leben lassen, nicht stehlen, sondern Recht tun, dich nicht vor Schicksal und Recht des Stärksten beugen. Und seitdem sind diese Worte auf Erden, werden durch Wüsten und ins Exil mitgetragen, Tora genannt, Lebensweisung. Weisheit, welche »vorsieht«, zuvorkommende Liebe, vorsehende Worte; bis heute in der Geschichte anwesend als Prinzipien, Ursprünge von Einsicht, Inspiration, Ermutigung, Entgegnungen, Widerspruch, Anspruch auf Verantwortlichkeit. Worte ewigen Lebens in der Zeit. »Hoch-oben« in unserer Mitte.

4

Der Gott Israels, der in der biblischen großen Erzählung »Gott-Befreier« und »Schöpfer von Himmel und Erden« genannt wird, hat seine Weisung – »eine neue Erde, wo Gerechtigkeit wohnt« – in Worte gefasst. In Worten über Gerechtigkeit und Liebe wirkt er auf Menschen ein, dringt in ihren Verstand ein, bildet ihr Gewissen, dass sie ihre Kinder lehren, Recht und Liebe zu tun, Böses und Schlimmes zu verhüten.

Solange es Sprache gibt auf Erden, wird er in seinen zehn vorsehenden Worten auf Erden sein. Ist es undenkbar, dass diese Worte und diese Tradition von Auslegung und Erfahrung in der Hebräischen Bibel und im Evangelium je verstummen oder ausgetilgt werden? War das nicht fast geschehen? Dennoch steht es geschrieben, in der ganzen Bibel und in allen Tonarten, dass er die Worte nicht zurücknimmt, dass sie unfehlbar und treu sind und dass er nicht schlafen wird, Israels Behüter.

Der Zufall ist stumm. Das Schicksal schweigt und gibt keine Rechenschaft. Gott hoch-oben, der unnennbare, unabbildbare, nicht-Gott-wie-wir-Gott-denken, Gott, der im Himmel schweigt, spricht in seinen vorsehenden Worten. Seine Wirkung und Gegenwart auf Erden ist unschätzbar unermesslich und verborgen.

GOTT ALLMÄCHTIG?

1

Es ist ein Grundsatz der jüdischen Schriftauslegung, dass man einen einzelnen Text erklären soll im Licht des Geistes, welcher die Bibel als Ganzes kennzeichnet, so Emmanuel Lévinas. Der Befreier-Gott ist der Gott, der Menschen schuf als sein Bild: Die Bibel ist, als Ganzes, eine Erzählung über diesen Befreier-Gott. Aber im Licht dieses Ganzen können die Worte »und Gott schuf den Menschen als sein Bild« dann nichts anderes bedeuten als »er schuf sie so, dass sie befreien können« – dass sie »wen« befreien können? Dass sie einander befreien können. Dieser Gott ist: Freiheit schaffende Freiheit. Es heißt: »Gott segnete sie, und Gott sprach zu ihnen: Seid fruchtbar und mehrt euch und füllt die Erde und macht sie untertan« (Genesis 1,28). Dieser Auftrag und Segen formuliert den Umfang der menschlichen Freiheit. Gott, Befreier-Schöpfer, macht lediglich einen Anfang mit dem Projekt »Himmel-und-Erde«; Menschen sollen dieses Projekt weiterentwickeln, die Erde untertan machen, nicht ihr untergeben sein, sie behüten, kultivieren, ihre Geheimnisse kennenlernen, ihre Möglichkeiten zu gegenseitigem Dienst benutzen. Dies zu tun ist Freiheit.

2

Volle Freiheit heißt volle Verantwortlichkeit. »Der Himmel ist der Himmel von JHWH-Gott, die Erde aber hat er den Menschen gegeben«, so Psalm 115. Und die Menschen hat er einander gegeben. Er hat sie gegenseitig für ihre Zukunft verantwortlich gemacht, sie für das Gute zugerüstet mit Herz und Seele und Verstand, mit einem Gewissen, das Unrecht wittert und Finsternis von Licht unterscheidet. Dieser Freiheit schaffende Befreier-Gott befreit also Menschen durch Menschen und nicht anders. Er, der uns so gemacht hat, dass wir einander retten müssen, er konnte Auschwitz nicht verhindern und kann keine künftigen Katastrophen vorbeugen und keine blinden Mädchen heilen und uns nicht unserer gegenseitigen Schuld entheben und nicht vergeben, was wir einander antun. Indem er freie Menschen

schuf, gab er seine Schöpfung aus den Händen. Aber »frei«
heißt freilich: Dass er uns die Freiheit eingeschaffen hat, einander zu vergeben, des anderen Schuldenlast zu erleichtern
(gar wegzunehmen), einem neuen Auschwitz vorzubeugen,
neuen Heilungsmethoden nachzuspüren und diese Welt so
einzurichten, dass Krankheit und Leid nicht auf die kleinsten, schwächsten, ärmsten Menschenkinder abgewälzt werden.

3

Wo ist »Gott«? Im Himmel, in seinem »Himmel«, in seiner
Verborgenheit, in sich selbst. Und im Wort, in dem er sich
ausspricht, in seiner Tora (seinem Himmel auf Erden), die
Menschen lehrt und anfleht, einander zu heilen, Auschwitz
zu verhindern. In seinem Wort, das an die volle Verantwortlichkeit des Menschen appelliert, ist er gegenwärtig.
Und insofern dieses Wort von Menschen vollbracht wird,
»Fleisch« wird in Menschen, »ist« er in Menschen. Die kürzeste Zusammenfassung dieser Tora ist das »Gebot der
Liebe«. Der Gott, der in der Bibel »der Mächtige« genannt
wird, der Befreier und Schöpfer, »ist« und kommt und wirkt
im Wort und durch das Wort »Habe deinen Nächsten lieb,
der ist wie du, deinesgleichen« (Levitikus 19,18; Markus
12,31; Matthäus 22,39; Lukas 10,27). Liebe? Ja, gib ihm zu
trinken, zu essen und alles andere, dessen du selbst
brauchst, um zu leben. Jesus hat dieses Wort, im Geiste
seiner Tradition, mit der Parabel des »barmherzigen Sama-
riters« ausgelegt (Lukas 10,25–37). Dies Wort ist evident.
Nicht weil es logisch zu beweisen wäre – es ist ebenso unbeweisbar wie die Notwendigkeit dieses oder jenes Menschen,
der hier und heute, unvorhergesehen und lästig, mir gegen-

über sitzt und mich um Hilfe angeht. Es ist evident, weil es mein Gewissen erweckt, mich verantwortlich macht, mich zu dem macht, was ich bin, meine Freiheit in Anspruch nimmt. Die Evidenz dieses Wortes ist Gottes Macht. Mächtiger als Menschen, die dieses Wort vollbringen, ist er in dieser Welt nicht.

Die Menschen tun es nicht. Sie tun das Gegenteil, Tod und Verderben. Seht nur!, schreie ich. Aber es gibt Menschen, die es tun, noch ist nicht alles verloren. Seht nur!, sagt die Bibel dann. Und während Grausamkeit und Untreue, Tod und Verderben bis in die kleinsten Details erkannt und beschrieben werden, sind sie in keiner einzigen biblischen Schrift, kein einziges Mal, zur Notwendigkeit erhoben oder als Verdammung hingenommen worden. Was Menschen auch treiben, sie bleiben Menschen. Sie können sich sogar jeden Moment bekehren.

4

Gegen die Vorstellung, dass es einen nicht erkennbaren Gott gäbe, einen Willkür-Gott, einen eitlen Protz, der sich bitten und flehen lässt und dann zusieht, ob er Gehör schenke – gegen diese Vorstellung denkt die Bibel den Gedanken und die Behauptung, dass Gott ein Gott der Liebe ist, der Menschen nicht »nichts« achtet, sondern hochachtet. Der ihre Liebe begehrt. Wie sollte er unsere Liebe begehren, wenn er uns nicht frei gemacht hätte, ihm diese Liebe zu geben oder zu verweigern? Niemand begehrt ja die Liebe eines anderen, wenn dieser nicht frei ist, um Liebe zu geben? Wozu hat er uns frei geschaffen? Weil er Freundschaft wollte, ebenbürtige Liebe.

GOTT GEGENÜBER

1

»Durch die Nacht zu jemandem hingehen« ist das große
Thema der westeuropäischen Mystik. In der tiefsten Nacht
deine eigene friedliche Wohnung oder deinen hohen ver-
schanzten Turm verlassen – aus deinem eigenen tiefen Frieden oder aus deiner Leere, aus dir selbst hinausgehen durch
die Nacht zu jemandem hin. Um jemanden zu finden,
musst du aufstehen, fort aus deinem Besitz und heraus aus
deiner Verschanzung. Weshalb? Weil es so ist. *Was* ist so?
Mensch sein, Mensch werden, Mensch bleiben ist so. Wenn
du nicht zu jemandem *gehen* willst, so wirst du kein
Mensch. Zu jemandem, der du selbst *nicht* bist, der *nicht*
du ist, der *nicht* in dir steckt, sondern *dir »gegenüber«* ist.
Wenn du nicht immer wieder *gehst*, von deiner Seite hin-
über auf jene andere Seite, wirst du nicht-Ich. »Ich« braucht
jemanden gegenüber, ein »Du« – du, der aus mir ich macht.

Ein klassisches Beispiel ist das mystische Lied der »Dunklen
Nacht« von Johannes vom Kreuz aus dem 16. Jahrhundert.

Entflammt von Liebesqualen,
als schwarz die Nacht einst webte,
o Glück, das ich erlebte!,
ging unbemerkt ich aus,
als Ruhe schon befriedete mein Haus.

O seligste der Nächte!
Verborgen sah mich keiner;

mein Führer war nur Einer,
ein Licht, durch das ich sah:
Des Herzens Flamme wies mir, was geschah.

Sie führte mich gewisser
denn Mittagssonnenfeuer
zur Stätte, wo mein Treuer
mein harrte aus allein.
In diese Stätte drang kein andrer ein.

O Nacht, so hold wie nimmer
das Morgenrot erscheinet!
O Nacht, die du vereinet
dem Bräutigam die Braut,
die umgewandelt sich in Ihm erschaut!

Ich lehnt' an den Geliebten,
mein Antlitz liebestrunken,
und – alles war versunken.
Ich schwand mit allem hin,
die Sorgen ließ ich unter Lilien blüh'n.[1]

2

Dieser Text ist im Geist der biblischen Ursprungs-
geschichte, wo geschrieben steht, es sei »nicht gut«, ein
Mensch allein: »Ich will ihm eine Hilfe machen, ihm gegenüber« (Genesis 2,18). »Gegenüber« heißt: Ein Gesicht, das
dich anschaut, Augen, die zurückschauen, ein Herz, das
pocht, Leidenschaft, die wechselseitig lodert. In der Bibel

---

1   Übersetzung aus dem Spanischen von Joseph Rauchenbichler (1837).

wird derjenige, der das »Menschsein« so geordnet, so elementar strukturiert hat, selbst ein »Angesicht-gegenüber« genannt, der Andere, Du-Gott. Nicht der »ganz Andere« – er ist nicht einfach »ganz anders«, er gleicht den Menschen in ihrem gegenseitigen Bedürfnis. Die biblische Erzählung stellt Gott als jemanden dar, der mit seinen Augen sucht, einen, der herabsteigt, um in der Kühle des Paradieses mit den Menschen zu wandeln.

3

In Nachfolge der biblischen Geschichte ist eine mystische Tradition entstanden, in der über die Beziehung eines Menschen zu diesem Gott, dieses Gottes zu Menschen, in den gleichen Bildern gesprochen wird, in denen über eine Liebesbeziehung zwischen zwei Menschen gesprochen wird. Mit dem »Geliebten« in seinem Dunkle-Nacht-Gedicht meint Johannes vom Kreuz »Gott«, den Gott der Bibel, den Gott des Gekreuzigten. Das wissen wir aus dem Kommentar, den er dazu schrieb, nicht aus dem Text selbst: »Ich lehnt' an den Geliebten, mein Antlitz liebestrunken.« Wer ist dieser Geliebte? Wie der Kommentar enthüllt, ist es ein Gedicht »über die Seele, welche die Vereinigung mit Gott erreicht hat«.

Dass man in dieser Vereinigung zu zweit, der eine und die andere, und, wie fest auch umschlungen, sich doch einander gegenüber bleibt, darüber schreibt, präziser und realistischer noch als Johannes vom Kreuz, die mystische Dichterin Hadewijch von Antwerpen in einer ihrer Visionen. In ihrer siebten Vision beschreibt Hadewijch die »Erfahrung«, dass Jesus auf sie zukommt, »gekleidet und wie er war an jenem Tag, als er uns zum ersten Mal seinen Leib gab, so sah er aus«. Sie »sieht« ihn also so, wie er in Darstellungen des letzten Abendmahls wiedergegeben wird. »Da gab er mir sich selbst in der Gestalt des Sakraments wie gewohnt. Dann kam er selbst zu mir und nahm mich in die Arme und drückte mich an sich, und alle meine Glieder empfanden die seinen völlig, so wie es mein Herz begehrte, mit seiner ganzen Menschlichkeit. So ward ich vollkommen befriedigt, und auch empfing ich für kurze Zeit die Kraft, dies zu tragen.«

»Alle meine Glieder empfanden die seinen völlig.« So werden auch Jakob und der Engel, der Fremde, in ihrem Kampf (Genesis 32,25–32) alle ihre Glieder völlig empfunden haben: Mensch an Mensch, der eine dem anderen gegenüber. In den mystischen Visionen, die aus dem Bibeltext entstanden sind, bleiben Mensch und Gott, Seele und Seelenfreund zwei, wie sehr sie auch für die Dauer eines Blitzes, nie länger, eins werden. Wie fest auch umschlungen, doch einander gegenüber. Die mystische Erfahrung ist nicht, dass du mit Gott verschmilzt oder dass deine Eigenheit verfließt. Es ist kein Übersteigen der eigenen Identität, keine Ent-Selbstung.

4

Aber ist Gott denn nicht, wie es in mystisch klingender Sprache auch wohl heißt, »mein eigenstes Wesen selbst«? Nein, sagen Hadewijch von Antwerpen und Johannes vom Kreuz, Gott ist nicht mein eigenstes Wesen selbst. Gott durchhaucht mich, Geist in mir, Licht in mir, Feuer in mir. Aber Gott wird nicht *ich,* und ich werde nie *Er* (wenn wir denn die männliche Personalform beibehalten, welche traditionell für Gott verwendet wird). Ich werde nie Er, so wie ich auch nie meine Geliebte, mein Freund, mein Nächster werde. Gott ist Gott, und ich bin ich, frei, um wem auch immer entgegenzugehen. Mein Ich wird nicht im Feuer unserer Begegnung verzehrt – wie jener Dornbusch lichterloh brannte, aber nicht verzehrt wurde (Exodus 3,2).

Hättest du lieber einen Gott, der dich verzehrt, mit dem du verschmelzen oder letztlich zusammenfallen kannst, mit dem du eins wirst, ohne zwei zu bleiben? Wie soll man sich das denken? Fändest du dann, in dich selbst hinabsteigend, nach etlicher wortloser Konzentration, Gott als dein tiefstes eigenes Wesen selbst? Aber Gott bleibt, auch in der mystischen Erfahrung, der Andere, dir gegenüber.

5
Wenn du »Gott« als dein tiefstes Wesen betrachtetest, würdest du da nicht den anderen dasjenige, was du für dein tiefstes Wesen hältst, als Gott, als letzte Norm auferlegen? Wer wird dich dann noch zur Rechenschaft ziehen, wer wird dich noch ansehen? Ein Mensch? Ein Mensch-dir-gegenüber? Aber was wäre ein Mensch-dir-gegenüber im Vergleich zu einem Gott, der so tief in dir steckte?

6
In der biblisch-mystischen Tradition wird *nicht* von Gott gesagt, dass er »mein selbsteigenes tiefstes Wesen« wäre. Wohl aber aus dem Munde des Augustinus – Kirchenvater, Dichter, Seelsorger aus dem fünften Jahrhundert: »Gott ist tiefer und innerlicher als mein tiefstes Selbst und höher

als meine steilste Höhe«, *intimior intimo meo, superior summo meo.*

»Gott«, höherer Klang, als du hören kannst, höheres Wort, als Klänge tragen können; unabbildbares Du, undenkbarer Gott – und doch sagst du »Gott« und »Licht« und »Feuer« und »Lebensatem«. Um nicht ganz schweigen zu müssen, würde Augustinus sagen. Dieser Tradition zufolge habe Gott uns auf seine Stimme »abgestimmt« und für sein Wort empfänglich gemacht. Er habe einen Funken seines Feuers in uns gesät, und diesen Funken nennen wir unsere »Seele«. »Ein Licht, durch das ich sah: Des Herzens Flamme«, so Johannes vom Kreuz. »Seele«, ein Wort für die Kraft zur Menschwerdung, die jedem Menschen eingeschaffen sei. Meine Seele in mir: Geburtskraft, Wachstumskraft, Überlebenskraft.

Bildersprache. Worte Worte Worte. Um nicht ganz schweigen zu müssen.

GOTT ALS GELIEBTER

1

Wenn du als hebräischer Psalmdichter sagen willst, dass dein Gott der höchste König ist, dann nennst du ihn »König der Könige«. Und wenn du sagen willst, dass das Leben dir gar keine Freude macht und keinen Sinn hat, sondern leer ist und eitel und umsonst, dann sagst du »Eitelkeit der Eitelkeiten«.

»Lied der Lieder« steht über dem Text eines biblischen Buches: »Hoheslied«, höchstes Lied, über zwei verliebte Menschen, kein Berg ist ihnen zu hoch. »Wie schön deine Füße

in den Sandalen – hinter dem Schleier deine Augen wie
Tauben – wie ein purpurrotes Band deine Lippen« (Hoheslied 7,2; 4,2–3).
»Das Lied der Lieder Salomos«. So lautet der vollständige
Titel. Die Überschrift ist eine literarische Einkleidung,
um das Gedicht ehrwürdig zu machen. Salomos? Salomo,
der legendäre große König aus dem zehnten Jahrhundert,
dem goldenen Zeitalter in Israels Geschichte, habe in der
Hochkraft seines Lebens sein Volk unterrichtet, in Sprü-
chen voll praktischer Weisheit und Humor. Alt und hin-
fällig habe er unter dem Pseudonym »Prediger« (Kohelet)
das Buch der Vergänglichkeit geschrieben: »Eitelkeit der
Eitelkeiten«.

2

Aufgrund textkritischer Forschung wird das Hohelied ins
fünfte Jahrhundert datiert, etwa um 450 vor der gängigen
Zeitrechnung. Wer hat diese prächtigen Gedichte verfasst –
keine lose Sammlung, sondern ein dichtes Heft, ein Zyklus,
sorgfältig komponiert, Worte und Bilder kehren in stren-
gem Maß zurück – wer hat dies geschrieben? Verfasser un-
bekannt. Eine Frau vielleicht? Mag sein – die Gedanken,
Fantasien und Gefühle einer verliebten Frau werden von in-
nen heraus beschrieben; aber auch die Emotionen des Geliebten und die Differenz im Erleben zwischen den beiden –
vielleicht ist das Lied der Lieder gemeinsam von einer Frau
und einem Mann verfasst worden.
Es hat die Form eines Dialogs. Die Frau fängt an, mit einer
leidenschaftlichen Liebeserklärung. Sie gibt den Ton an, sie
wirbt, es geht von ihr aus; der Mann kommt zögernd in
Gang, ein wenig ungeschickt, fängt an mit Geschenken,

die er ihr geben will, ganz männlich, »goldene Reifen mit kleinen Silberkugeln daran«.

Das Hohelied zählt 117 Verse. In sechzig Versen spricht die Frau, in vierzig der Mann. In siebzehn der Chor: eine Gruppe von Frauen, »Töchter Jerusalems«, Freundinnen der Frau, die sie um Rat angeht und die ihr den Weg weisen zum Ort, wo der Mann sich befindet.

Das ist alles ganz ungewöhnlich in einer altorientalischen Gesellschaft, in der die Frau der Besitz des Mannes ist, Töchter der Besitz ihrer Väter sind, wo Frauen hinter vergitterten Fenstern leben und nicht alleine auf der Straße gehen dürfen.

In diesem Gedicht gibt es keinen Vater. Dafür erwähnt die Frau ihre Mutter siebenmal. Ihre Brüder heißen »Söhne meiner Mutter«. Sie will ihren Geliebten ins Haus ihrer Mutter führen, während die damalige Gesellschaft nur »Vaterhäuser« kannte. Es ist ein utopisches Gedicht über Menschen gleicher Würde, die in Freiheit einander suchen.

3

Die noch ganz junge Frau wird von Brüdern gezwungen, deren Weinberge zu hüten und die Füchse, welche die Umzäunung zerstören, fortzujagen. Sie ist von der Sonne schwarzverbrannt, nennt sich jedoch selbstbewusst schön wie die Pavillons Salomos. Sie lebt in der Stadt, in Jerusalem. Ihr Geliebter ist ein Hirte. Er wird auch »König« genannt. »Der König führt mich in seine Gemächer«, sagt die Frau (Hoheslied 1,4). In Kommentaren ist darüber viel spekuliert worden: Der König, Salomo selbst, liebt ein einfaches Mädchen? Ich meine, dass »König« ein Kosewort ist:

»Du, mein König«. Die Dichterin Judith Herzberg hat das Hohelied zu 27 Liedern umgearbeitet – in den ersten Zeilen des ersten Liedes bietet sie eine wunderbare Lösung für dieses Königsproblem:

Deine Küsse sind süßer als
süßer als Honig, und mir bist du
schöner und lieber, lieber / und reizender
noch als der König.

4

Nach einem ziemlich scheu-verliebten Anfang zeigt sich der Geliebte als ein Mann von königlicher Würde, kein Tyrann, kein Besitzer; sondern ein Wächter.

In allen gängigen Übersetzungen liest man, wie er sagt: »Steh auf, meine Freundin, und komm!« (Hoheslied 2,10.13) Als rufe er sie zu sich. Im Hebräischen, so haben mir sachkundige Exegeten versichert, steht etwas anderes. Es heißt dort zweimal: »Steh auf, meine Freundin, geh du für dich!« Es wird genau dasselbe Wort verwendet, das Gott – zweimal – zu Abraham spricht. »Geh du für dich, aus deinem Land, aus dem Haus deines Vaters« (Genesis 12,1) – das heißt: Gib deine Vergangenheit preis! – und »Geh du für dich in das Land Morija zum Berg, den ich dir nenne« (Genesis 22,2), den Ort, wo er seinen Sohn darbringen sollte – das heißt: Gib deine Zukunft preis!

In der ganzen Hebräischen Bibel kommt dieser Ausdruck »du, geh für dich« nur viermal vor, zweimal in diesem Liebeslied. Es heißt nicht: Komm zu mir, sondern: Geh du deinen Weg! Und das heißt: Werde du selbst, in Freiheit! Das also ist Liebe?

Der Dichter und die Dichterin des Hoheliedes haben »Geh du für dich« verwendet, um an den Gott Abrahams zu erinnern, der Menschen aus ihrer genormten, unterdrückten Existenz wegruft hin zu einem »guten weiten Land, das von Milch und Honig überfließt« (Exodus 3,8). Mitten im Gedicht vergleicht der Geliebte – der Bräutigam, wie er meist vorschnell genannt wird – seine Geliebte mit diesem Gelobten Land. Als sei sie zu dem geworden, wohin sie ausging: »Honig tropft von deinen Lippen, Liebste, Honig und Milch sind unter deiner Zunge« (Hohelied 4,11). »Ein verschlossener Garten ist meine Schwester, ein verschlossener Brunnen, eine versiegelte Quelle« (Hohelied 4,12): Bilder, die den Garten Eden, das Paradies heraufbeschwören, wo wir angefangen haben oder vielmehr: der Anfang, der uns noch bevorsteht.

5

Dann, nach diesem lyrischen Höhepunkt, folgt – literarisch-raffiniert – die dramatischste Szene des Gedichts (Hohelied 5,2–8). Es ist Nacht. Er klopft an ihrer Tür, sie hat sich schon entkleidet, will nicht, will. Sie öffnet die Tür ein wenig, noch mit der Kette davor, dann leidenschaftlich weit auf – doch er ist schon fort, vielleicht hat ihr Zögern ihn unsicher gemacht. Sie folgt ihm, »ich suchte ihn und fand ihn nicht« (Hohelied 5,6). Sie ruft, keine Antwort. Die Nachtwächter, Hüter der öffentlichen Ordnung, halten sie an, schlagen sie – eine Frau nachts auf der Straße, wohl eine Hure. »Die Wächter auf der Mauer nahmen mir meinen Überwurf weg« (Hohelied 5,7).
Erwäge, was hier erzählt wird: In einer altorientalischen Stadt, in einem patriarchalischen Milieu bricht eine Frau

alle Regeln, weil sie liebt. Weil sie ihre Liebe bis zum Äußersten erprobt.

Bibel- und Literaturwissenschaftler haben darauf hingewiesen, dass die Themen Entfremdung und Missverständnis, Liebe, die durch Leiden hindurchgeht und hindurchwächst bis zu Treue und Demut, in der Literatur dieser Jahrhunderte einmalig sind. Man sieht eine Verwandtschaft mit der griechischen Dichterin Sappho, die als Erste den Schmerz und die Unruhe, das Bitter-Süß der Liebe beschrieben haben soll.

6

Unsere Liebesbeziehungen. Die Entzückungen, die Erwartungen, das Zögern, die blinden Schritte, die Worte, die wir einander sagen, flüchtige, harte, liebe, unverstandene. Ich fliege auf dich, ich steh auf dich, die Sprache der Liebe. Höre wohl auf diese Worte: dich selbst aufgeben, um eines anderen willen – *wer* bist du selbst, was gibst du auf, was erhältst du dafür? Einander nicht loslassen können, warum nicht? Aus Angst vor der Einsamkeit. Und die vielen bekannten unbekannten Formen der Leidenschaft und der Liebesfreuden. Und die zahllosen Göttergeschichten über Götter, die Menschen lieben, der Göttervater Zeus, der in Gestalt eines weißen Stieres das Mädchen Europa verführt. Handelt das biblische Hohelied auch von einem Gott, der Menschen liebt?

7

Im wörtlichen Sinn handelt der Text von zwei Menschen, es kommt kein Gott in ihm vor – wohl aber wird von der Liebe zwischen zwei Menschen gesagt, sie seien »Feuersgluten, Flammen Gottes« (Hohelied 8,6), und kein Wasser könne die Flammen löschen.

Ein Liebeslied über Menschen also, in späteren Jahrhunderten aber als eine Allegorie gelesen, als eine Bildersprache verstanden, ein »Sinnbild«: In der Liebe jener Frau und jenes Mannes sei der Liebesbund zwischen dem Volke Israel und dem Gott Abrahams und Moses und Davids und Salomos dargestellt.

Im zweiten Jahrhundert hat Rabbi Akiba das »Lied der Lieder« das »Heiligste des Heiligsten« genannt, weil es die leidenschaftliche Liebe dieses Gottes und dieses Volkes versinnbildliche. So leidenschaftlich, wie diese Geliebten einander suchen und umklammern und verlieren und wiederfinden, so leidenschaftlich möge es zwischen Israel und seinem Gott zugehen.

Es ist um das Jahr 450, nach dem Exil an Babylons Flüssen: Ein kleiner Teil der weggeführten »Juden« ist wieder in die eigene Stadt, in das verelendete Jerusalem zurückgekehrt; der größte Teil des Volkes Israel ist »in der Zerstreuung« – wo ist Israel? Israel ist nirgends, Israel ist der Fremde, der unscheinbare, der bedrohte Mensch, so wie heute der Palästinenser in Gaza – und dieses Israel, diese heimatlose Frau, darf sich in der selbstbewussten, stolzen, ruhelos glücklichen Frau des Hohelieds wiedererkennen.

Und Gott? Gott ist kein Höchstes Wesen auf einem Thron, kein Rächer, keine launenhafte Vorsehung, Gott ist ein Liebender, ein Geliebter. Wo in den Palästen der Könige, in den Tempeln der Völker die über Israel herrschten, ward je von einem solchen Gott gesungen – wer hatte einen Gott als Geliebten? Israel hatte ihn. Und wer den Weg dieses Israel geht, den Weg der Weisung, der Tora, der hat einen Gott als einen Liebenden.

»DER DEN FREMDEN LIEBT«

1

Die Weltgeschichte weiß uns nichts von goldenen Zeitaltern der Liebe zu berichten. Wohl aber ist, innerhalb der Geschichte und entgegen dem etablierten Chaos, in Lied-und-Erzählung der Bibel ein Zeugnis zu vernehmen, welches das Leben als eine Möglichkeit zur Liebe besingt. In Lied-und-Erzählung der Bibel wird die menschliche Existenz nicht als ein unergründliches Mysterium verherrlicht oder beklagt, sondern als Auftrag und Segen besungen. Menschliches Leben ist kein Stillstand, kein Kreislauf, kein Vogelflug, sondern ein Weg auf Erden, gangbar-ungangbar, hin zu einem »Land von Ruhe und Frieden«, Schatten unter Bäumen, ohne Furcht.

»Besungen« heißt: über Totschweigen, Kampf- und Angstschreie, Logik und Orakelsprache erhoben. In Lied-und-Erzählung wird dem Leben »des Menschen« (das heißt »jedes Menschen«) eine Bestimmung gegeben: Liebe.

2

Worte des Mose im Buch Deuteronomium:

Und nun, Israel, was fordert
JHWH, der dein Gott ist, von dir,
außer dem einen:

dass du mit Ehrfurcht begegnest
JHWH, der dein Gott ist,
auf allen seinen Wegen gehst,
dass du ihn liebst
und dass du JHWH, der dein Gott ist, dienst
mit ganzem Herzen und mit ganzer Seele,
dass du die Gebote und Satzungen JHWHs hältst,
die ich dir heute gebe, dir zum Guten.

So beschneidet eure Herzen,
und seid nicht länger halsstarrig.
Denn JHWH, der euer Gott ist,
ist der Gott der Götter
und der Herr der Herren,
der große, starke und furchtbare Gott.
Er kennt kein Ansehen der Person
und nimmt keine Bestechung an,
er verschafft Recht der Waise und der Witwe
und liebt den Fremden,
so dass er ihm Brot und Kleidung gibt.
Auch ihr sollt den Fremden lieben,
denn ihr seid selbst Fremde gewesen
im Land Ägypten.
DEUTERONOMIUM 10,12–13; 16–19

3

Dieses Wort über die Liebe zum Fremden ist kein Befehl, sondern eine Fürbitte, es fleht uns an. Es sagt: Einst warst du ja selbst auch ein Fremder, in irgendeinem Ägypten, in einem oder mehreren Sklavenhäusern. »So habe ich das nie gesehen«, sagst du.

Dann stell dir *jetzt* vor, dass sie dahin sind, deine Freunde, deine Geliebte, deine Kinder, deine Eltern, alle, die wir »unsere Bekannten« nennen – dahin auch alle deine Rechte, Sicherheiten und Besitztümer. Stell dir vor, dies wäre deine Position und dein Status: ein Fremder zu sein, jemand, der auf Gedeih und Verderb in die Hände von Menschen ausgeliefert ist. *De mens als vreemdeling* [Der Mensch als Fremder], so der Titel eines Buch des Philosophen Lolle Nauta (1960) über *das* große Thema der modernen Literatur. Du brauchst jedoch Kafka in seiner Irrgartenwelt und Camus und T. S. Eliot und Beckett nicht gelesen zu haben, um in Stunden der Vorstellungskraft – oder ist es doch eher Realitätssinn? – dir auszumalen, du irrtest in einer fremden, ungastlichen Weltstadt, in einer wildfremden Sprache umher und schlimmer noch.

4

Sogar in unserer gegen jegliche Eventualität abgesicherten Gesellschaft mag es geschehen, dass jemandem die unbequeme Ehre zuteilwird, einem »Fremden« über den Weg zu laufen. Liebe denjenigen, der dein Gott ist, oder mit anderen Worten: diesen Fremden liebe! Das hast du dir nicht selbst ausgedacht – davor würdest du dich ja hüten! –, du hast es *gehört,* ob du nun wolltest oder nicht. Zuerst wolltest du nicht, aber dann hast du hingehört. Wenn du mit einem Fremden »in Berührung« kommst, so kann dir klar werden, wie konkret die Möglichkeit zur Liebe ist und was es damit auf sich hat, »Liebe zu tun«.
Liebe umfasst Recht und Gnade, Gerechtigkeit und Erbarmen. Was aber vermögen diese ohne Beharrlichkeit? Was nützt einem Fremden, was nützt dir *ein einziger* Moment

der Barmherzigkeit? Liebe umfasst Beharrlichkeit, Treue. Aber Treue verlangt Geduld. Und Geduld fordert Takt. Takt aber lässt sich nicht aufbringen ohne Hoffnung, ohne die redliche Hoffnung, dass alle deine Liebestaktik etwas bringen wird. Zur Liebe gehört also, dass du eine nüchterne Berechnung anstellst: Was vermag ich, und was braucht der andere zuerst und wie dann weiter? Woher die Zeit und das Geld nehmen? Wo wird er sich sicher fühlen, und wie halten wir es miteinander aus – ist es redlich, zu glauben, dass das Allerschwierigste gelingen wird?

Das sind Liebeserwägungen, so fragen und denken Herz und Verstand.

5

Es steht nicht geschrieben, dass du sie umarmen musst, nicht, dass du warme Gefühle für sie hegen musst. Die Auslegung des Wortes Liebe ist »Brot und Kleidung«. Brot und Kleidung sind Lebensbedürfnisse. In jenem Spruch über den Fremden bedeutet »lieben«: am Leben erhalten – am Leben, diesem kostbarsten Menschenrecht.

So wie »Liebe« zu deinem Nächsten in der Erkenntnis der Gleichheit wurzelt, dass du bist wie er oder sie, so wurzelt »Liebe« zum Fremden in der Erkenntnis, dass du selbst auch ein Fremder bist, warst, werden kannst. Wer das Leben auch nur ein wenig kennt, schließt das nicht aus.

6

Über fünfzig Jahre hat der jüdische Philosoph Emmanuel Lévinas in mehr als hundert Veröffentlichungen eine philosophische Vision entfaltet, in der nicht das Ich-Bewusstsein den Ausgangspunkt bildet – wie dies der Fall ist in der ganzen westeuropäischen philosophischen Tradition seit René Descartes (»Ich denke, also bin ich«) –, sondern die Konfrontation mit »dem Anderen« am Anfang steht. Mit diesem anderen, der, neben mir und mir gegenüber, sich nicht wegdenken lässt und mich in Anspruch nimmt. Leitend in Lévinas' Vision ist die Zuwendung zum anderen Menschen; er spricht sogar von der menschlichen Erwählung, einander zu dienen. Von dem Moment an, wo ein anderer Mensch in meine Zeit und in meinen Raum eintritt, mich ansieht, anspricht, mich in Anspruch nimmt, bin ich in seinem Dienst.

Ich bin ein geborener Egoist. Ich will mich entfalten, womöglich ungehemmt, und bin auf die Befriedigung meiner Bedürfnisse versessen. Ich will essen, trinken, wohnen, Wärme und – ich will Intimität mit einem anderen Ich, genauso ein Ich wie ich. In diesem Bedürfnis, so Lévinas, werden mein Gewissen und meine Verantwortung für den anderen aufgeweckt. Und auch wenn sich ergibt, dass dieser andere Mensch meine Bedürfnisse nicht befriedigt, so bin ich doch für ihn oder sie verantwortlich.

Ich, der ich so frei und selbstbewusst bin, so darauf aus, meinen eigenen göttlichen Gang zu gehen, ich halte an im Anblick des »Anderen«, wenn ich wirklich ohne Selbstbetrug oder Ausreden in seine wehrlosen und jeden Schutz entbehrenden Augen sehe. So umschreibt Lévinas die Wirkung des Gewissens, des »moralischen Bewusstseins«.

Worauf bezieht sich das? Seine Antwort lautet: auf die unwirkliche Wirklichkeit von Menschen, die in der tagtäglichen Geschichte der Welt verfolgt werden, deren Würde und Sinn nie Beachtung geschenkt worden ist.

Ich werde »ich«, ich selbst, im Übersteigen meiner Ich-Sucht. Dieser Überstieg wird »gegeben« in der Begegnung mit dem anderen, in dessen Augen ich die Bitte lese: »Lass mich leben!« Indem ich mich des anderen annehme, *werde* ich ich selbst und der andere wird zum »Du, der aus mir ich macht«.

Ist das schwierig? Es ist eine schwierige Sprache. Ist es verständlich? Ja. Ist es lebbar? Diejenigen, die es im Tun verstanden haben, bilden eine Schar, die niemand zählen kann, in der tagtäglichen Geschichte der Welt.

7
Um zu lernen, was Liebe ist, muss man sich an die schwierigste Liebe heranwagen: die Liebe zum Fremden. Damit das Zusammenleben der Menschen nicht in Schein-Liebe, Affen-Liebe, Besitzer-Liebe, Blut-Liebe, Blut-und-Boden-Liebe versinke, sind wir gefragt, den Fremden zu lieben. Dieses Wort ist die bündigste Zusammenfassung und die schärfste Zuspitzung der biblischen Lebensweisung.

NACHFOLGE

1
Alles, was uns in der Bibel über Gott gesagt wird, ist als Lebensweisung gemeint, ist als Lebensauftrag zu lesen. Höre und sieh, was er tut – so sollst du auch tun. Das ist die Botschaft. Was tut er im Buch vom Auszug, Israels Befreiungs-

geschichte? Da schickt er einen Menschen zu Menschen in Not: Mose wird zu seinen unterdrückten Geschwistern gesandt. Was Gott tut, ist in seinem Namen wiedergegeben. »Ich-werde-da-sein« ist sein Name. Ich werde da sein in Menschen, die sich zu Not leidenden und unterdrückten Menschen senden lassen. Dieser Gott wird »da sein« in Menschen, die füreinander eintreten – diese Worte lassen sich gut singen, es gibt eine Melodie. Sicher lässt sich mehr singen als sagen und mehr, als sich begründen lässt: Doch allzu unbegründet soll auch ein Lied nicht ausfallen, und ein ganz hoher Ton ist selten ganz rein. »Füreinander so gut wie Gott zu sein«: Ist das möglich?

Es ist im Geiste der Bibel als Ganzer zu sagen: Es ist möglich. Die Bibel ist als Ganzes die Erzählung von einem Gott, der Menschen *bittet*, sogar anfleht, ihm in der Sorge und Liebe zu den Menschen nachzufolgen. Er schafft Raum und Freiheit für Menschen – so sollten Menschen Raum und Freiheit füreinander schaffen. Er sieht das Elend, hört den Schrei nach Befreiung – du also, öffne deine Ohren und Augen, dein Herz. Er steigt herab, aus seinem »grundlosen Licht«, aus sich selbst, und führt aus Angstland, Sklavenhaus, Gruselgeschichte weg – du also, führe sie weg, deine Kinder, weg aus Angstland und Sklavenhaus und aus all diesen Gruselgeschichten, die durch die Welt schwirren. Er fängt an und fängt nochmal an und nochmal und wieder, und wie alt ist Er nicht schon, »seit Ewigkeit«, du also, alter Mann, alte Frau, folge ihm nach. Hast du jemals, in welcher Göttergeschichte auch immer, von einem Gott gehört, der »umkehrt«? Der Gott der Bibel kehrt um. In der Auszugsgeschichte verflucht er die »Kinder Israels«, wenn sie einem anderen Gott in Gestalt eines goldenen Stierkalbes den Vorzug geben. Doch Mose kriegt ihn herum, und Gott bekehrt sich zu Barmherzigkeit und Vergebung: »Ich werde da sein, erbarmend, gnädig, langmütig, reich an Liebe und Treue« (Exodus 34,6). Tu es ihm nach.

2

Das Buch, die Bibel, weiß viel, doch bei weitem nicht alles. Es zeigt die Richtung, bringt dich auf andere Gedanken – das ist mehr, als die meisten Bücher zu bieten haben. Folge ihm nach, sagt das Buch, geh seinen Weg, tu sein Wort; du bekleidest die Stelle Gottes, du bist als sein Bild und ihm ähnlich geschaffen. Du möchtest wissen, wo er ist? So befrage dein eigenes Herz und deinen eigenen Verstand, deine Geschichte und deine Lebenserfahrung: Wenn ihr *so* seid, dass ihr euren Kinder keine Steine gebt, wenn sie euch um Brot bitten, wie sollte er euch da nicht die Kraft geben, um »erbarmend, gnädig, langmütig« zu werden, wenn ihr ihn darum bittet? Und wenn ihr mit aller Liebe, die in euch ist, dennoch nicht imstande seid, den Tod eines unheilbar kranken Menschen zu verhindern, und ihr deswegen aus machtloser Wut weint, wie würde er, der sieht und hört und weiß, denn nicht weinen? Und so wie ihr voll Hoffnung bleibt, dass ihr einst das Unheilbare werdet heilen können, so hofft er auf eure Kreativität und Beharrlichkeit. Er hofft auf die Schaffenskraft und beharrliche Liebe der Menschen. Wer ist Gott? So ist Gott. Folge ihm nach, und du wirst leben.

Wenn wir sagen: Der einzig-wahre Gott ist uns in Jesus erschienen, so meinen wir: Alles Charakteristische dieses

Gottes haben wir in Jesus gesehen. Ihn sahen wir »so gut wie Gott« sein – Gott *tun*.

Im Evangelium wird von ihm erzählt, dass er sich taufen ließ. Wie viele andere Menschen in jenen Tagen in seinem Land erklärte er mit diesem Zeichen, dass er auf dem Weg des Gottes Israels gehen und dessen Wort tun wolle. Dass er bereit sei, den schweren, lebenslangen Auszug zu vollziehen. Als er dort im Wasser stand, nackt wie ein Neugeborener, da riss der Himmel auf, da öffnete sich Gottes Verborgenheit. Und Gottes Atem-und-Lebenskraft stieg wie ein Vogel aus dem Himmels-Abgrund herab über Jesu Haupt, wie ein Falke in der Luft. Da erklang eine Stimme – die Stimme, die schon so viele Menschen *vor* ihm gerufen hatte, zu Menschen in Not zu gehen – und sprach: Ich liebe dich. Ich bin auf dir. Ich bin auf dir mit meinem Geist, mit der Fülle meiner Kraft (Markus 1,9–11).

Das ganze neutestamentliche Zeugnis über Jesus besagt: Er war wie Gott, der sieht und hört und gedenkt und weiß. Er hat uns vorgelebt, was wir tun sollen: das Elend der Elenden sehen, hören, unsere Augen öffnen, unser Herz nicht abwenden. Und aus dieser Einsicht heraus leben: die Seite der Entrechteten wählen – solidarisch werden mit allen, die sich aus ihrem menschenunwürdigen Los aufzurichten versuchen. Gott ist der, in dessen Namen wir solidarisch sind mit allen Niedergedrückten. Für diesen Gott war Jesus der Sprecher, der Gewährsmann, und ist es noch. Er hat Gott *getan*. »Er hat sich selbst gegeben«, sagt das Evangelium über ihn (1 Timotheus 2,6). Als Brot gegeben, um gegessen zu werden, um Lebenskraft, Überlebenskraft in anderen zu

werden. Was wir Eucharistie/Abendmahl nennen, ist davon
das Erinnerungszeichen. Das heißt »Gott tun«: Brot sein
wollen für die Hungrigen, dein Leben für andere preisge-
ben – solidarisch bis zum Ende. Nichts weniger meinen wir,
wenn wir Brot brechen »zu seinem Gedächtnis« (Lukas
22,19).

Im Laufe einer langen, unübersichtlichen Geschichte ist Jesus, dieser prophetische Lehrer aus Nazaret, für uns *der*
Dolmetscher und Zeuge der jüdischen Glaubensgeschichte
geworden, Zeuge eines Gottes, der sieht und hört und Menschen ruft, um Menschen zu retten. Jesu Deutung der Tora
hat in den Tagen seines sterblichen Lebens Gehör gefunden – bei vielen? Bei ganz gewöhnlichen Menschen, unter
ihnen Arme, Kranke, Besessene und »Sünder«. Auch als er
tot war, gekreuzigt wie ein Sklave, wurde seine Deutung erkannt und geglaubt, in einer Gemeinde von »Auf seinen
Namen Getauften«, Menschen, die durch ihn und mit ihm
und in ihm die Stimme aus dem Himmel vernommen und
die den Geist von Auszug und Befreiung empfangen hatten.

Noch gibt es diese Menschen. Sie sind nicht *die* Kirche,
diese katholische oder jene protestantische. In allen Kirchen
gibt es jedoch solche Menschen. Und immer mehr außerhalb der Kirchen. Gibt es sie? Geschlossen, sicher und fest,
ihrer selbst und ihres Glaubens sicher? Nein, sie stehen
nicht fest, sie wanken, sie fallen und stehen wieder auf. Sie
seufzen und stöhnen, wie in Geburtswehen, sie wollen endlich geboren werden. Sie sind ihres Lebens nicht sicher, aber
sie leben, sie sind unterwegs.

Die Worte der biblischen Glaubensgeschichte, von Mose und den Propheten, von Jesus und seinen Aposteln, sind weiße Steine entlang ihres Weges, Wegweisersteine, Feuersteine; Steine, die Wasser geben und sich in Brot verwandeln. Manchmal, in stockfinsteren Nächten, stehen die Worte wie Sternbilder am Himmel, Handschrift aus Licht, Urkunde des Erbarmens.

JESUS VON NAZARET

JESUS, JUDE

Es war im Jahre 1947. Ein Beduinenjunge hütete seine
Herde in der Wüste Judas, nahe beim Toten Meer, südöst-
lich von Jerusalem. Er kam zu den Höhlen von Qumran,
wollte hineingehen, um Schatten zu finden, warf einen
Stein, um zu sehen, ob Tiere aufschreckten. Der Stein traf
einen Tonkrug, der in Scherben ging. Als der Junge näher
kam, erblickte er zwischen den Scherben eine Papyrusrolle,
eine Buchrolle und noch eine.

Die Schriftrollen vom Toten Meer, wie sie seitdem heißen,
enthalten Fragmente aus fast allen Büchern der Bibel, nebst
einem kompletten Text des Buches Jesaja. Es sind die ältesten Handschriften der Bibel, die jemals gefunden worden
sind. Die bis dahin älteste Handschrift war etwa um das
Jahr 1000 nach Christus entstanden. Die Schriftrollen vom
Toten Meer sind etwa zwischen 200 vor Christus bis 50
nach Christus zu datieren. Zusammen mit anderen Dokumenten, die seit 1947 in Qumran und Umgebung aufgefun-
den wurden, geben sie uns Einsicht in die Gedankenwelt
gewisser Strömungen innerhalb des Judentums zur Zeit
Jesu.
Es stellte sich heraus, dass es Verbindungen gab zwischen
der Qumran-Gemeinde und der Jesus-Bewegung; Ausdrü-
cke und Bilder im Matthäusevangelium und in einzelnen
Briefen des Paulus finden sich auch in den Qumran-Doku-
menten.

Seitdem ist in den Kirchen ein neues Bild von Jesus gewachsen – und wachsen geht langsam, und reifen geht noch langsamer. Es entstand ein neues historisches Bewusstsein: eine geschärfte Vorstellung von Zeitlichkeit, Vorläufigkeit – nichts ist endgültig, alles muss jedes Mal wieder neu gedacht, buchstabiert, formuliert werden; kein theologisches Dogma ist mehr denn eine zeitliche Einsicht, im besten Fall in seinem historischen Kontext verstehbar, zeitgebunden, nicht unwiderruflich, und jedes Zeugnis und jedes Lied über Jesus soll an der Erkenntnis geprüft werden, dass er ein Jude war. In meiner Jugend war er ein blonder Germane.

DIE MUTTER JESU

1

Er kam aus einem Flecken, der in der Literatur seiner Zeit niemals erwähnt wird und aus dem, nach dem Leumund jener Tage, nichts Gutes kommen konnte. Jesus aus Nazaret. Dort lebte seine Mutter, eine Frau ohne nennenswerte Herkunft. Ein Mädchen, das in den damaligen sozialen Verhältnissen nicht über sich selbst verfügen konnte: Zu Beginn des Lukasevangeliums wird sie erwähnt als eine »Jungfrau, die verlobt war mit einem Mann aus dem Hause Davids mit Namen Josef« (Lukas 1,27). Eine Frau, über die verfügt wurde, noch ehe sie geschlechtsreif war, und die dies hinnehmen musste, wie so viele Frauen bis auf den heutigen Tag.
Er kam zur Welt, als die Römer sein Land heftiger denn je unterdrückten. In seinen Tagen fängt im Untergrund der

Befreiungskrieg an, der im Jahre 66 ausbrechen wird. Aber dann ist er längst tot und begraben.

Im sechsten Monat aber wurde der Engel Gabriel
in eine Stadt in Galiläa mit Namen Nazaret gesandt,
zu einer Jungfrau.
LUKAS 1,26

Was sagt der Engel zum Mädchen? »Du hast Gnade gefunden bei Gott.« Suchte sie denn Gnade bei Gott? Die ältesten Wiedergaben dieser Geschichte zeigen das Mädchen kniend, mit geschlossenen Augen, in sich gekehrt, betend. Beten ist: Bei Gott Gnade suchen.
Wie hat sie gebetet? Im Geiste von Psalm 130.

Aus der Tiefe rufe ich dich, JHWH,
mein Herr, höre meine Stimme,
lass deine Ohren achten auf mein Flehen um Gnade!
PSALM 130,1–2

»Du wirst schwanger werden und einen Sohn gebären«, sagte der Engel. Unmöglich, sagte das Mädchen, ich bin nicht mit einem Mann zusammen. Trotzdem, sagte der Engel.
»Heiliger Geist wird über dich kommen«: Gabriel spricht die Sprache der Propheten Israels, Sprache des Mose und Jesaja. Heiliger Geist, der Atem von »Im Anfang«; die Kraft, mit der die allerersten Worte »Licht« und »Mensch« gesprochen wurden; die Leuchtkraft, womit der Anfang angefangen hat. »Kraft des Höchsten wird dich überschatten«,

hegen, durchdringen, groß machen. Der Engel hebt das Mädchen hoch in das Licht des Anfangs.

War das Mädchen »in der Tiefe«, war sie erniedrigt? Erniedrigt ist alles, was nicht wachsen darf – Erniedrigung ist, was nicht groß macht, keine Aussicht bietet.
Schriftgelehrte erklären uns, dass die Verfasser dieser Geschichte die Jungfrau Maria zur Verkörperung des erniedrigten, aussichtslosen Israel gemacht haben. Das Volk Israel, von prophetischen Dichtern »Tochter Zion« und »Jungfrau Zion« genannt, ist in den Tagen des Mädchens Maria wie eine Frau ohne Zukunft, in einem erniedrigten, ausgeraubten Land; Witwe und Waise zugleich. Dieses aussichtslose Israel wird im Licht eines neuen Anfangs vom Boden aufgehoben.

2

»Maria, die glorreiche, allzeit jungfräuliche Mutter unseres Herrn und Gottes Jesus Christus«, so wird sie in der römisch-katholischen Liturgie (Erstes Hochgebet der Messe) noch immer genannt, in der ganzen Welt.
Im Glaubensbekenntnis von Nikaia aus dem Jahre 325 wird bekannt, dass Jesus geboren wurde »aus der Jungfrau Maria«. Im Jahrhunderte später verfassten *Canon Missae*, dem offiziellen eucharistischen Gebet der römischen Kirche, steht »allzeit jungfräulich«, was heißt: immer Jungfrau geblieben. Immer? Wo steht das in den ältesten Quellen unserer Tradition?

Aus der Überschattung des Heiligen Geistes wird Jesus empfangen und geboren, sagt das Evangelium nach Lukas, der die Geburt Jesu von Nazaret als die jüngste, unmöglichste Geburt in der Geschichte Israels inszeniert. Isaak wurde aus dem unfruchtbaren Schoß einer hochbetagten Frau geboren. Entgegen aller menschlichen Berechnung, doch kraft der Hoffnung und Beharrlichkeit wurde Samuel von zwei alten Menschen zur Welt gebracht. Lukas wählt diese Erzählung zum Modell für die Geburtsgeschichte Johannes' des Täufers, der als ein Prophet, ein neuer Elija, in der Wüste einen Weg für den Messias bereiten wird.

Doch die Empfängnis und Geburt des Messias selbst wird so erzählt, als sei sie *völlig* unmöglich und undenkbar, von einer gänzlich anderen Art als die von Isaak, Samuel und Johannes dem Täufer. Das Unmögliche wird radikalisiert: Es gibt nicht nur einen geschlossenen Schoß, es gibt nicht einmal einen Mann – und damit wird kundgetan, dass »bei Gott nichts unmöglich ist« (Lukas 1,37). Der Messias wird kraft dieses Befreiers-und-Schöpfers, der in Israel als einziger »Gott« genannt wird, geboren: »Heiliger Geist wird über dich kommen, und Kraft des Höchsten wird dich überschatten« (Lukas 1,35) – so lautet die Botschaft des Engels Gabriel an Maria. Diese Darstellung des bei Gott nicht Unmöglichen wird, nach biblischer Erzählart, mit einem Hinweis auf einen berühmten Satz aus einem Lied des Propheten Jesaja (7,14) begründet: »Siehe, die junge Frau ist schwanger und sie gebiert einen Sohn.«

3

Am Fuße des Berges Sinai stand Israel für uns alle. So wie Adam für die ganze Menschheit stand, als er gerufen wurde: »Adam, wo bist du?« (Genesis 3,9). So wie Kain für jeden Menschen stand, als er gerufen wurde: »Wo ist dein

Bruder?« (Genesis 4,9). So wie Jesus für die ganze Menschheit hing, als er rief: »Warum hast du mich verlassen?« (Markus 15,34).

Der gängigen Schriftauslegung zufolge steht Maria für das unterdrückte Israel, jenen »geschlossenen Schoß«, der kein neues Leben mehr erzeugt; eine erniedrigte Frau, wie eine Witwe rechtlos und auf Gnade angewiesen.

Für wen steht sie, wenn wir, im Geiste der Lukaserzählung und der ganzen Bibel, die damalige Geschichte wie eine Parabel für heute lesen wollen? Sie steht für alle die unbekannten, einander unbekannten Einzelnen, die ohne Macht und Ansehen, ohne Einfluss auf die Geschichte sind; deren Stimme nicht zählt, deren Menschenkenntnis und Lebenserfahrung keine neuen Einsichten hervorbringen und deren Leid und Lebensopfer kein einziges Übel verhindern, keine Schuld wegnehmen, kurz: nichts am Lauf der Dinge ändern. Menschen, die nichts hervorbringen als die Reinheit ihres Herzens: Sie wären bereit, für eine neue Welt durch den Abgrund zu ziehen. Namenlos sind sie dieser alten Welt ausgeliefert, eine Schar, die niemand zählen kann. In Maria sind sie genannt und gezeichnet. An einer Frau aus der Menge wird das verborgene Geheimnis der Vielen erläutert: In einer Szene vom Beginn unserer Zeitrechnung erblicken wir, was auch in unseren Tagen die Innenseite der Geschichte bildet, ihr verborgenes Gesicht. Wird aus diesen zahllosen verwaisten, unbekannten Einzelnen die Rettung dieser Welt »geboren« werden? Sind sie der Schoß einer »neuen Menschheit«?

4

Das Mädchen hört dem Engel zu und sagt: Hier bin ich, zu seinem Dienst. »Sein Dienst« heißt, im Geiste der ganzen Bibel, der Dienst der Befreiung. Befreiung von Unterdrückten aus ihrer Sklaverei, von Armen aus ihrer Armutsspirale, von Illegalen aus ihrer Erniedrigung. Du tust, was du vermagst, für möglichst viele andere, die es nicht so gut haben wie du, und du überlasst niemanden seinem Elend, niemals, keinen weißen und keinen schwarzen Illegalen.

Da der Engel weggegangen ist, steht sie auf, begibt sich auf den Weg und ersinnt im Gehen ein Lied über Machthaber, die von ihren Thronen gestoßen, und von Erniedrigten, die aus dem Staub erhoben werden.

»Bitte für uns Sünder, jetzt und in der Stunde unseres Todes«, so heißt es im am meisten gesprochenen Mariengebet der römisch-katholischen Volksfrömmigkeit, im *Ave Maria*. Nicht alle überlieferten Worte haben dasselbe Gewicht, nicht alle treffen den Ton der biblischen Glaubensgeschichte mit derselben Reinheit. Dieser Satz könnte den Gedanken erwecken und hat ihn auch erweckt, dass sich über »uns« nicht mehr sagen lässt, als dass wir Sünder sind und dass in der Stunde unseres Todes nur Marias Fürbitte uns noch retten kann.

Nicht alles aus der Tradition ist wert, gehegt zu werden. Aber die Hoffnung, dass wir »in der Stunde unseres Todes« – und für Millionen von Menschen in der Welt ist ihre Lebenszeit nichts anderes ist als eine andauernde schreckliche Stunde des Todes – die Hoffnung, dass wir »am Ende« nicht allein und uns selbst ausgeliefert sind, dass der Himmel nicht leer ist, dass vor Gottes Angesicht gebetet und gefleht und »Wie lange noch?« und »Erbarme dich!« und »Eile, Herr, zu helfen!« gerufen wird: Diese Glaubensvorstellung aus einer uralten Tradition möge uns erhalten bleiben.

GOTT: DREIEINIGKEIT

1

»Im Namen des Vaters, des Sohnes und des Heiligen Geistes« werden Kinder getauft, Kranke gesalbt und Tote begraben. Dieser Satz ist eng mit dem »Kreuzzeichen« verbunden, mit dem alle römisch-katholischen kirchlichen Gebete anfangen und schließen und das *die* Gebärde zum Segnen von Menschen, Tieren und Dingen geprägt hat.

Vater, Sohn und Geist. Drei Personen. Dennoch Ein Gott. Dies wird ein »unergründliches, Schauder erregendes Mysterium« genannt, »die alles beherrschende Wahrheit der christlichen Lehre … unaussprechliches Geheimnis …«. Es gab nichts zu verstehen, nur anzubeten. Verstehen? Das wäre so etwas, wie das ganze Meer in *eine* kleine Grube umfüllen zu wollen, mit einem winzigen Eimerchen.

Es gibt kein Gottesbild, welches auf so viel scharfsinniger Philosophie beruht wie die christliche Lehre von der Dreifaltigkeit Gottes. Bis tief ins vergangene Jahrhundert hieß in kirchlichen Kreisen die Wissenschaft der Philosophie *ancilla theologiae,* die Dienstmagd, welche den Begriffsapparat herbeischaffen darf, mit dem das »unaussprechliche Geheimnis« möglichst präzise formuliert werden musste.

»Höre, Israel: JHWH, unser Gott, ein einziger JHWH«, so fängt das *Schma Jisrael,* das jüdisch-biblische »Glaubensbekenntnis«, an (Deuteronomium 6,4). Was ist mit dem Namen »Ich werde da sein« passiert, als das christliche Glaubensbekenntnis Gott als Einheit dreier göttlicher Personen definierte?

2

Von alters her hatten überall in der altorientalischen Welt, in Ägypten, Babylonien, bei all den Großmächten, die ihren Schatten über das Land Kanaan und über die Kultur des Volkes Israel warfen, politische Dreieinigkeiten die Macht: ein Herr und Meister, ein Ausbeuter Pharao, ein menschenverschlingender Kaiser, mit einer Fürstin an seiner Seite und einem Sohn, Thronfolger, Erben zu seinen Knien. Der Gottesdienst in Kanaan, welcher die herrschenden Machtverhältnisse sanktionierte, der Staatsgottesdienst, bestand denn auch aus dem Kult des Gottes Baal, Herr und Meister, der Fruchtbarkeitsgöttin Astarte an seiner Seite und zu ihren Knien der Sohn, der Erbe, der die Kontinuität der Macht garantierte: Gott–Göttin–Erbe, Vater-Mutter-Sohn, diese Dreieinigkeit bildete die Grundstruktur des Göttlichen – in dieser Dreieinigkeit war die Macht des Stärkeren konzentriert, bis tief in die ersten Jahrhunderte unserer Zeitrechnung hinein, bis vor und nach dem ersten Konzil von Nikaia (325).

Wer in dieser Welt von Ausbeutung und Tyrannei, so fragte sich jede kleine oder größere Ekklesia in Nordafrika und Südeuropa, wer ist Gott für uns? Das Konzil von Nicäa entwarf eine neue Dreieinigkeit. Gegen jeden Kult von Gott-Göttin-Erbe proklamierte das Konzil, aufgrund der vier Evangelien und der Briefe des Paulus und nach den messianischen Intuitionen dreier Jahrhunderte der Schriftausle-

gung, einen anderen drei-einen Gott: der Vater, Befreier-
Schöpfer von Erde und Himmel, der Sohn Jesus, »eines
Wesens«, einer Leidenschaft und Vision mit jenem Vater,
und der Heilige Geist, der die Gegenkraft zu aller Ausbeutung und Tyrannei, der Atem und die Beseelung alles menschenwürdigen Lebens ist.

Gegen die göttliche Dreieinigkeit von Unterdrückung und
Tod wurde die Dreieinigkeit von Befreiung und Leben formuliert: der Vater, der gesehen und gehört hat, wie seine
Menschen vernichtet werden; der Sohn, der gekommen ist,
um zu suchen und zu retten, was verloren ist; der Geist von
Auszug und Tora, der in den Menschen an einer neuen Welt
arbeitet.

3
Die »Väter« von Nikaia haben das Credo – »Ich glaube« –
als einen Hymnus gesungen, erleichtert, nachdem aller Uneinigkeit ein Ende gesetzt war und der Text auf dem Papier
stand. Auf welchen Argumentationswegen, mit vielen Kur-
ven die Formulierungen auch zustande gekommen sind, was
dasteht, hat die Kraft eines Liedes.
Ein Lied über Gott und Jesus – die Zeilen über den Heiligen Geist sind später hinzugefügt worden: »der Eine, allmächtig, Schöpfer des Himmels und der Erde, aller sicht-
baren und unsichtbaren Dinge«, so wird Gott genannt; vor
allem aber »Vater«. Aus diesem Vater ist Jesus *vor* allen Zeiten geboren, erstgeborener Sohn. Und dann heißt es, Sprache aus dem Schmelzofen, bis zu siebenmal geläutert:

Gott aus Gott, Licht aus Licht,
wahrer Gott aus wahrem Gott geboren,
nicht geschaffen,
eines Wesens mit dem Vater

Die Hebräische Bibel spricht nicht vom »Wesen« Gottes.
Dieses Wort ist griechischer Herkunft, stammt aus der griechischen Philosophie der Antike. Die biblische Glaubenserzählung »zeigt« einen Gott, dessen Absicht und Wille, dessen Leidenschaft und Vision ist, dass Menschen aus allen
Formen der Versklavung, Entfremdung und Unterdrückung
befreit werden.
Mit diesem »Gott« kann ein Mensch eins werden. Eins werden meint hier nicht mit etwas zusammenfallen, meint
nicht verschmelzen – eine Person verschmilzt nicht mit einer anderen Person. Zwei »Personen«, zwei »Seelen«, die
eins sind, sind eins in Absicht und Antrieb, eins in Einsicht
und Einsatz und Entscheidung, das heißt, »eines Geistes«.
Wenn es auch deine Leidenschaft und Vision ist, dass Menschen aus allen denkbaren Sklavenhäusern befreit werden,
dann bist du eins mit diesem Gott des Exodus, des Auszugs;
in den Worten der alten griechischen Philosophie gesprochen bist du dann »eines Wesens« mit ihm.

4

In diesem Credo aus dem vierten Jahrhundert der gängigen
Zeitrechnung kommt das Wort »Israel« nicht vor. Wohl
aber werden die »Propheten« erwähnt, auch Mose wird den
Propheten zugeordnet – »durch sie« hat der Heilige Geist
gesprochen. »Ich glaube an den Heiligen Geist, der gesprochen hat durch die Propheten«: Die Tendenz dieses Passus

ist dieselbe wie in jeder christlichen »Vorabbildungstheologie«: Die Propheten weissagten die Menschwerdung von Gottes ewigem Wort in Jesus von Nazaret.
Bis auf den heutigen Tag eine Sicht, die dem Judentum unmöglich ist, unendlich fern. Wie weit entfernt auch für Christen, welche die jüdische Bibel als die tiefste und noch immer reichlich fließende Quelle ihrer eigenen Tradition zu lesen versuchen? Himmelsstriche entfernt. Der Hymnus von Nikaia ist ein Lied aus einem anderen Teil des Alls. Und doch ist es ein Lied über den Vater des Alls und über den göttlichen Gang der Liebe, welche »herabsteigen, um zu befreien« genannt wird.

5

»Für uns Menschen und zu unserem Heil ist er aus dem Himmel herabgestiegen«, so wurde in Nikaia über Jesus gesagt. An den »einen Herrn Jesus Christus« glauben heißt an einen Herrn glauben, der Knecht geworden ist – und der deshalb als Einziger würdig ist, »Herr« genannt zu werden. So wie nur ein Gott, der herabgestiegen ist, der »wahre« Gott ist. Damit ist aller Machtentfaltung, aller Führerschaft und allen menschlichen Verhältnissen eine Norm gestellt. »Aus dem Himmel herabgestiegen.« Menschwerden heißt herabsteigen. »Herabsteigen« ist der Gang der Liebe. Herabsteigen ist, was Gott nach der biblischen Glaubenserzählung tut, wie geschrieben steht:

JHWH aber stieg in der Wolke herab
und trat dort neben ihn.
Und er rief den Namen JHWH aus.
Und JHWH ging an ihm vorüber und rief:

JHWH, Ich-werde-da-sein-Gott,
erbarmend, gnädig, langmütig,
reich an Liebe, reich an Treue,
Liebe bewahrend bis ins tausendste Geschlecht,
der Schuld und Vergehen vergibt, Sünde wegträgt.
EXODUS 34,5–7

6

Herabsteigen, um zu befreien und sich zu erbarmen – das
ist die Tendenz der ganzen Tora. »Herabsteigen« ist ein
Wort für einen Geist des Lebens, einen Weg des Lebens;
und dieser Geist ist in Jesus »offenbar« geworden, das heißt:
In ihm ist Gott offenbar geworden, erschienen. Der Gott
des Auszugs, der Gott, der weiten Raum schafft (Psalm
18,37), erscheint in Menschen, die »herabsteigen« aus ihrer
Ferne, ihrer Unerreichbarkeit, ihren verborgenen Stellen;
aus ihren privilegierten Positionen, ihrem geerbten Status,
ihren rechtmäßigen Besitztümern; aus ihren Ansprüchen,
Erwartungen, Rechten, aus ihrem Rechthaben, ihrem
Selbstbild – Menschen, die herabsteigen, um zu befreien,
um zu retten, was noch zu retten ist, und wäre es auch nur
ein Schimmer, *ein* Fünklein menschlicher Würde.

7

Jesus von Nazaret lebte zu einer bestimmten Zeit, wurde
gekreuzigt – ist gestorben – ist begraben worden, hat so leidenschaftlich und redlich Gottes große Liebe gelebt, so
»vollkommen« Gottes Tora, Gottes Liebeswort vollbracht –
er muss wohl selbst dieses Wort sein, immer schon gewesen
sein, Jesus: Wort Gottes, Tora-in-Person. Er, der bereit war,
alle Gerechtigkeit zu vollbringen und so zum »Sohn« Gottes

wurde (so wie nach Johannes und Paulus alle, die im Namen und Geist Gottes leben, mit Recht »Kinder Gottes« genannt werden), er ist *vor* allen Zeiten aus Gott geboren, er war schon im Schoße Gottes. Er, der durch alle Todesfinsternis hindurch zum Licht der Welt wurde, er ist seit aller Ewigkeit Licht-aus-Licht. Jesus von Nazaret, gekreuzigter Sklave, »eines Wesens« mit dem Gott Israels, seinem Vater.

IN JENEN TAGEN

1

Und es geschah in jenen Tagen, dass ein Erlass von Kaiser Augustus ausging: Dass das ganze Volk Israel »aufgeschrieben« werden sollte: gezählt, registriert; damit es noch effektiver unterdrückt und ausgeplündert werden konnte – dem Tode verschrieben. Und es geschah: ein Wort, diesem Todesbefehl entgegen.

Geboren wurde euch heute ein Retter
in der Stadt Davids, der Messias, der Herr.
Und das soll euch ein Zeichen sein:
Ihr werdet ein neugeborenes Kind finden ...
LUKAS 2,11–12

An diese Erzählung habe ich geglaubt, sie hat meine Jugend beglückt und mich geprägt und mir das Bewusstsein verliehen, dass ich in eine große Bestimmung aufgenommen und bei meinem Namen gerufen worden bin. Auch als die Sätze dieser Erzählung für viele zu Phrasen verkommen waren oder entkernt und ausgedünnt zu einem Pfahlbau für ein dogmatisches Bekenntnis – »Ich glaube an Jesus, den menschgewordenen Sohn Gottes, Erlöser der Welt, gekreuzigt für unsere Sünden« –, so erkannte ich in den Pfahlstöcken dieses dogmatischen Baus noch immer die Fülle der ursprünglichen Erzählung. Und in meiner Fantasie sehe ich noch und wieder das Christkind heranwachsen zu jenem feurigen Propheten mit seinem Ruf: »Kehrt euer Leben um!«

2

Vor Jahren ist in Frankreich ein Buch über Jesus erschienen, eine Rekonstruktion seines Lebens. Es behauptet, dass wir fast nichts mit Sicherheit über ihn wissen. Die meisten jener Erzählungen über ihn seien symbolisch, erhabene Fiktion, angefangen mit der Erzählung seiner Geburt. Er wurde neun bis vier Jahre *vor* seiner Geburt geboren und nicht am 25. Dezember – das sei allemal fromme Folklore, listige Christianisierung von griechischen und germanischen Lichtfesten.

Malcolm Muggeridge, in den 1950er-Jahren Redaktionsleiter des traditionsreichen Satiremagazin *Punch*, später gefürchteter Fernsehkommentator, traditioneller Katholik, schrieb im Jahre 1975, dass wir über Jesus, der der Menschensohn genannt wird, weniger wissen als über den Neandertaler.

Millionen von Menschen kommen also jedes Jahr zu Weihnachten zusammen, *kommt, lasset uns anbeten den König, den Herrn,* im Namen von jemandem, über den sie nichts mit Sicherheit wissen. Aber wie ist es dann möglich, dass er in die Geschichte als ein exemplarischer Mensch eingegangen ist, als einer, der »Liebe« getan hat, Liebe im biblischen

Sinn als Solidarität mit den Leidenden, als Erbarmen, Freundestreue, als Recht-Tun und Nicht-Dulden, dass auch nur *ein* Mensch, wer auch immer, ein erniedrigtes, geknechtetes, ausgestoßenes und überflüssiges Wesen sei.

Als der Prophet einer menschenwürdigen Zukunft ist er in die Geschichte eingegangen – nicht als ein Toter, sondern als Lebender. Als einer, dessen ausstrahlende Kraft so groß war und so sehr nicht mehr wegzudenken, dass er doch durch Tod und Vergessenheit hindurchgeschrieben werden musste. Er tot?, so werden sie gedacht haben. Nein, nicht tot, er lebt, auferstanden, gegen den Tod.

3

Er ist geboren. So viel ist gewiss. Und auch, dass er gestorben ist, aufgehängt, gekreuzigt wurde: In den Tagen des Kaisers Augustus war Kreuzigung die Todesstrafe für politische Aufständische. Soweit die Fakten, alles sonst könnte »Seemannsgarn« sein, »starker Tobak«, von den Engeln bei seiner Geburt bis zum leeren Grab nach seinem Tod. Ja, eine »starke Geschichte« ist es, eine große Geschichte über Redlichkeit, Freundschaft, über die heilende Kraft, die von ihm ausging, über »sich selbst schenken, um sich selbst zu finden«, über ein großes Ideal, Brot und Wein und alles-für-alle, über Hunger nach Gerechtigkeit, über eine letzte Norm: Verantwortung füreinander. Und über Vergebung, siebzigmal siebenmal.

Eine fremde und doch unmittelbar nahe Geschichte, schön, aber heftig konfrontierend, eine Geschichte über Liebe als Sinn des Lebens. Manchmal siehst du kurz, mit einem Blick, so wie man in einen Spiegel sieht, in diese Jesus-Ge-

schichte, und du erschrickst vor dir selbst und du denkst:
»So geht es also auch.«

4

Während vieler Jahrhunderte ist Jesus verschiedentlich »ausgefüllt«, das heißt »bedeutungsvoll gemacht« worden: auf eine Weise, in der Menschen in ihrer eigenen Zeit und Kultur eine Beziehung zu ihm haben, ihn als glaubwürdig und als »geistesverwandt« erleben konnten. In Verkündigung und Liturgie versuche ich, seine Bedeutung aus seiner eigenen jüdischen Tradition, aus der Tradition der Lebensweisung des Mose heraus zu erschließen. Ich betrachte und bedenke ihn und versuche ihn zu verstehen als einen »Sohn der Tora«.

Jener Abschnitt des Evangeliums über den zwölf Jahre alten Jesus, von Rabbinern umgeben, legt ihm die Worte in den Mund: »Wusstet ihr nicht, dass ich in dem sein muss, was meines Vater ist?« (Lukas 2,49). »Was meines Vaters ist«: Das kann »im Haus« seines Vaters bedeuten, »in den Dingen«, den Interessen, den Angelegenheiten seines Vaters und »in den Worten« seines Vaters.
Die Worte seines Vaters, die Bücher des Mose, die Psalmen und Prophetenlieder sind ein Jahrhunderte währendes Gespräch Israels mit sich selbst und mit Gott über die Frage, wie wir diese Todeswelt neu machen können zu einem Königreich von Recht und Frieden. Sie werden Tora, Lebensweisung, genannt.

Lernen, die Tora zu vollbringen, wird in den Psalmen und Prophetenliedern verglichen mit dem Besteigen des Berges

Zion, auf dem Jerusalem gebaut ist, »von wo die Tora ausgeht« (Micha 4,2) – und verglichen damit, im Hause des Herrn zu bleiben.

Jesus von Nazaret bekennt sich zur Tora, zum Vollbringen aller Gerechtigkeit, zum Gehen dieses Weges, und lässt sich taufen. Ist er auch bereit, diesen Weg nötigenfalls als Einziger zu gehen? Wenn jeder versagt, was tust du dann, gehst du trotzdem?
Berufung heißt, dass du gefragt bist, auch dann noch zu gehen, nötigenfalls als Einziger. In der Wüste vom Satan geprüft, dem Widersprecher, der Widerstimme zur Tora, hat er sich diese Berufung erkämpft.

5
In einer jahrhundertealten Tradition von Überleben und Hoffnung gegen Verzweiflung wurde die Jesus-Geschichte eingesetzt im täglichen Kampf gegen den Tod in all seinen Gestalten. Schon bei seiner Geburt mit dem Tode bedroht, streitet er gegen Krankheit, Armut, Besessenheit; gibt einem toten Mädchen, einem toten Jungen, einem begrabenen Mann das Leben wieder; befiehlt dem Sturm, sich zu legen; geht über das tosende Wasser, seinen Freunden entgegen und sagt: »Fürchtet euch nicht!« Die Geschichte einer lebenden, einer bedingungslosen Liebe.

In einer Zeit ohne »Normen und Werte« bekenne ich mich zu dieser Geschichte als einem wehrlosen, unbeweisbaren letzten Maßstab.

BIS HEUTE

1

Er steht bis zur Hüfte im Wasser des Jordan, Jesus, der aus
Nazaret – gerade war er ganz unter Wasser, untergetaucht,
Taufe der Umkehr – da betet er.
Beten ist Einkehr, dich üben in Hingabe und Umkehr des
Lebens.
Da ging der Himmel auf.
Die Erzählung des Evangeliums ist nicht als eine Repor-
tage, sondern als ein erzählendes Gedicht verfasst: »Der
Himmel« ist Bildersprache für Gott in seiner Verborgenheit,
in seinem unzugänglichen Licht; sich öffnen heißt Gehör
schenken.
Gott öffnet.

Welcher Gott? Der Gott von »Im Anfang«, der sah, dass es
gut, ja sehr gut war, der Gott von »Mensch, wo ist dein
Bruder«. Der von Mose, von den Zehn Worten am Sinai.
Der, von dem bis heute geschrieben steht und gesungen
wird, dass er Gott ist, *über* alle Machthaber mit ihren Heer-
scharen. Der niemandem liebedienert. Der uns zuruft: »Tu
Recht und Erbarmen« – der uns seinen Namen kundtat:
»Ich werde da sein, für dich, fürchte dich nicht.« Der
Name, in dem jeder Mensch die eigene Lebensaufgabe er-
kennen möge. Dieser Gott öffnet und kommt mit seiner
Geisteskraft, mit seinem Lebensatem, über den Menschen,
der dort betet.

Und eine Stimme kam aus dem Himmel:
Du bist mein geliebter Sohn,
an dir habe ich Wohlgefallen.
MARKUS 1,11

Dann wird erzählt, wie Jesus nach vierzig Tagen der Verzweiflung und Versuchung in der Wüste seine Verkündigung und Schriftauslegung anfängt, in den Synagogen seiner Gegend und auf offenem Feld: *Die Zeit ist erfüllt, das*
Königreich Gottes nahe; eine neue Welt, das ist möglich,
muss möglich sein, jetzt und morgen – kehre dein Leben um.

2

»In der Kraft des Geistes« zieht Jesus, dreißig Jahre alt,
durch das Land seiner Geburt, so erzählt das Evangelium
nach Lukas.

So kam er auch nach Nazaret,
wo er aufgewachsen war,
und ging am Sabbat in die Synagoge,
so wie er es gewohnt war,
und er stand auf, um vorzulesen.
Und man reichte ihm das Buch des Propheten Jesaja.
Und als er das Buch auftat,
fand er die Stelle, wo geschrieben steht:
»Der Geist von Adonai ruht auf mir,
denn er hat mich gesalbt,
den Armen frohe Botschaft zu bringen.
Er hat mich gesandt,
den Gefangenen zu verkündigen,
dass sie frei sein sollen,

und den Blinden, dass sie sehen sollen,
Geknechtete in die Freiheit zu entlassen,
zu verkünden ein Gnadenjahr von Adonai.«
Und er tat das Buch zu,
gab es dem Diener zurück und setzte sich.
Und die Augen aller in der Synagoge
waren auf ihn gerichtet.
Da begann er, zu ihnen zu sprechen:
Heute sind diese Worte,
die in der Schrift geschrieben stehen,
in euren Ohren erfüllt.

LUKAS 4,16–21

Hier steht geschrieben, dass Jesus eine Befreiungsbewegung proklamiert und eine messianisch-politische Vision entfaltet, im Geiste dieses »Herrn Gott« *(Adonai),* wie fromme Juden den Gottesnamen bis heute umschreiben, den die Propheten vor ihm »Befreier-Gott« und »Gott der Armen« nennen. In Taufe und Versuchung wurde Jesus »gesalbt« (das heißt: mit Geisteskraft ausgerüstet und gesandt), um den Armen die frohe Botschaft zu bringen. Das »Evangelium« lautet: dass Befreiung möglich ist für in sich selbst isolierte und voneinander entfremdete Menschen, Gefangene, Blinde, in der Gesellschaft Unterdrückte. »Heute sind diese Worte, die in der Schrift geschrieben stehen, in euren Ohren erfüllt«, sagt er. Das kann nur bedeuten: Von nun an werdet ihr in der Inspiration dieses Befreiungsvision leben.

Im Laufe seiner Erzählung zeigt Lukas, wie Jesus selbst in seiner Verkündigung und in seinem Auftreten von dieser Vision her lebt, kraft dieses Geistes. Einige folgen ihm nach, angezündet vom gleichen Geist, der aus seinem Herzen zu ihren Herzen herübersingt. Aber am Tag seines Todes lassen alle ihn im Stich, nur einige Frauen nicht.

3

Das Königreich Gottes ist eine »Bewegung«, bis heute: die Bewegung von Brot-Brechen und Austeilen – wer zwei Kleider hat, gibt eins seinem armen Bruder oder seiner armen Schwester. Jene Bewegung: Wer sein Leben, seine Seele, seine Kraft, sein Vermögen für sich behalten will, der verspielt sich selbst, *alles auf eine Karte*; wer aber sein Leben teilt wie Brot, wird es immer neu empfangen, wie Gnadenbrot.
Diese Bewegung des geteilten Lebens, der Solidarität, ist von Jesus als Gottes Zukunftsvision verkündigt worden.

Wem gleicht es, das Königreich Gottes,
womit soll ich es vergleichen?
Es gleicht einem Senfkorn:
Ein Mensch nimmt es und sät es in seinem Garten,
es schießt auf und wird zu einem Baum,
und die Vögel des Himmels bereiten ihr Lager
in seinen Zweigen.
MARKUS 4,32/MATTHÄUS 13,32

Wo steht dieser Baum? Ich sehe keinen Baum. Aber vielleicht sind meine Augen zu alt. Vielleicht braucht es einen Jugendlichen, um diesen Baum zu sehen. Junge Leute, seht ihr diesen Baum?

4

Nach einer Stichprobe unter 1700 Jugendlichen glauben 55 Prozent, dass eine Welt ohne Krieg unmöglich ist. Und eine Welt ohne Hunger? Da glauben 55 Prozent, das sollte möglich sein. Würdest du ein Jahr zum Mindestlohn arbeiten, damit in mehreren afrikanischen Ländern kein Hunger mehr herrscht? Nein, sagen 52 Prozent. Eine Woche schon, sagen 57 Prozent.

Ein Drittel der Jugendlichen sagt Ja. Sagt Ja, zu einem Leben ohne Luxus bereit zu sein. Ich sehe ein schüchternes, etwas ängstliches Bäumchen. Ich hätte gerne weitergefragt: Was meinst du mit Luxus? Und: Wie funktioniert das? Wenn wir, was unser Luxus heißt, aufgäben, gäbe es dann nirgendwo auf der Welt noch Hunger?
Ein Drittel der niederländischen Jugendlichen ist dazu bereit?

In dieser Stunde geriet Jesus
im Heiligen Geist vor Freude außer sich
und sprach: Ich preise dich, Vater,
Herr des Himmels und der Erde,
dass du es vor Weisen und Klugen verborgen,
Unmündigen aber offenbart hast.
Ja, Vater, so geschieht dein Wille,
so ist es gut.
LUKAS 10,21

Diese Welt ist schrecklich. Alles verlorene Liebesmüh. Es gibt keinen Gott und keinen Jesus, der Afrika vom Hunger retten wird. Gott schweigt in allen Sprachen so tief, dass du glaubst: Es gibt ihn nicht. So wird es empfunden.

Es gibt nur eine Lösung: Dass du »trotzdem« sagst und »hier bin ich« und dich umschaust, ob es noch jemanden gibt, der es auch sagt und tut – und dass man dann gemeinsam zu retten versucht, was noch zu retten ist.

Eine Kirche, *Ekklesia,* Gemeinde, ist eine Anzahl von Menschen, die immer wieder aufs Neue verabreden, dass sie »versuchen werden, zu retten, was sich noch retten lässt«. Solidarität und Barmherzigkeit versuchen. Anknüpfen, auch singend und betend, an alles Gute, dass in der Welt gegen das Schreckliche getan wird, überall. In dieser Bewegung geteilten Lebens befinden wir uns, in dieser Gegenbewegung.

BEKEHRUNG

1

Das Evangelium nach Lukas betont, dass Jesus von Nazaret eines Geistes mit seiner jüdischen Tradition war. Er war von der prophetischen Verkündigung Johannes' des Täufers berührt, der ein »Ende« witterte und zu einem neuen Anfang aufrief: »Er antwortete ihnen: Wer zwei Gewänder hat, teile mit dem, der keines hat, und wer zu essen hat, handle ebenso« (Lukas 3,11). Das heißt »wahrhafte Umkehr«, »Bekehrung«. Das heißt, dich vom Mammon, dem Geldgott, abzukehren.

Der Mammon ist in der Bibel von Mose und Jesus der Gott der zügellosen wirtschaftlichen Expansion, der Habgier, der

Konkurrenz auf Leben und Tod, der Profitsucht auf Kosten der Einkommensschwächsten. Der Mammon ist der »Gott«, das »Prinzip«, das Axiom zum Beispiel des neoliberalen freien Marktes. Auf diese Weise und in diesem Maße reich werden und diesen Reichtum für dich behalten und nicht für die Befreiung und die Emanzipation der Unterdrückten, für den Aufbau einer gerechteren Gesellschaft einsetzen, das ist Mammonsdienst, das ist wider den Gott, der sagt: Rette jene, die sich selbst nicht wehren können!

Mit Mammon ist gemeint: alles, was ein Mensch auf Kosten anderer besitzt. Mit Mammon ist *nicht* gemeint: was du zum Leben brauchst, dein Tisch und Bett und Lebensunterhalt, was du brauchst zur Versorgung deiner Kinder – all das, worum die Einkommensschwächsten in der ganzen Welt immer noch kämpfen müssen.

Und *wenn* sie es sich schon erworben haben, dann *nur*, weil sie darum gekämpft haben, in etwas, was mit einem unmodernen Wort »Klassenkampf« genannt wird; es ist ihnen nie, nirgendwo in der Welt, von der besitzenden Klasse einfach so *gegeben* worden.

2
Wie alle Propheten *vor* ihm sieht Jesus von Nazaret die herrschenden Besitzverhältnisse, mit allen dazugehörigen Ausbeuterpraktiken und Bonuskulturen, als Todesverhältnisse: gesellschaftliche, politische Konstellationen, in denen Menschen kein menschenwürdiges Leben haben. Und wenn er, wie alle Propheten vor ihm, zu Umkehr – Bekehrung – aufruft, dann meint er: Brich mit diesen Todesverhältnissen

und kehre dein eigenes Leben um, zur Solidarität hin, wähle ein politisch-wirtschaftliches System, in dem die Worte der Gerechtigkeit als politische Praxis vollbracht werden können.

Und nichts anderes hat die Jesus-Bewegung nachgestrebt, und aus ihrer Anfangszeit kennen wir den utopischen Bericht: Dass sie alles miteinander teilten und niemand in Not war oder Mangel litt. Das also ist »Bekehrung«.

3

Aber in allen kirchlichen Theologien, in jedem Katechismus, überall in der Welt, bedeutet dieses Wort »Bekehrung« schon jahrhundertelang etwas ganz anderes, und kaum jemand denkt bei diesem Wort noch an eine Entscheidung für eine andere, gerechtere Weltordnung. »Bekehrung« bedeutet da eher, dass du dich bekehrst zu Jesus, der deine Seele für das Jenseits retten wird, der »mit seinem Leiden als dem einzigen Sühneopfer unseren Leib und unsere Seele von der ewigen Verdammnis erlöste«, wie es im Heidelberger Katechismus der reformierten Kirchen heißt.

»Bekehrung« hieß »Bekehrung zu den Armen hier auf Erden« und heißt heute »Bekehrung zum Glauben an ein Jenseits«, »Königreich Gottes« hieß eine Gesellschaft ohne Unrecht und heißt heute ein spirituelles Himmelreich-in-Jesus, an dem Menschen durch »Sakramente« teilhaben: Diese Bedeutungsverschiebungen prägen die Geschichte des Christentums seit dem vierten Jahrhundert bis heute.

4

In einem Essay über das Judentum nennt Emmanuel Lévinas die Spiritualität der Nächstenliebe und universaler Solidarität eine »Religion für Erwachsene«[2] und sieht den ganzen Geist der jüdischen Bibel darin gegeben, dass laut ihrer Botschaft die Beziehung zum Göttlichen über die Beziehung zu den Menschen verläuft und mit der sozialen Gerechtigkeit zusammenfällt. Nichts könne man bei Mose und den Propheten über die Unsterblichkeit der Seele lesen, dafür von Armen, Witwen, Waisen und Fremden. Keine geistige Freundschaft werde gepriesen, sondern eine Beziehung, die sich äußert, bewährt und vollendet in einer gerechten Wirtschaft, für die jeder Mensch völlig verantwortlich ist. »Weshalb füttert euer Gott, der ein Gott der Armen ist, die Armen nicht?«, so fragt ein Römer Rabbi Akiba. »Damit wir der Verdammnis entrinnen können.« Für den jüdischen Glaubenden ist die persönliche Verantwortlichkeit des Menschen dem anderen gegenüber derart, dass Gott sie nicht abschaffen kann.

5

Als Anfang der 1960er-Jahre in allen christlichen Kirchen noch heftig über die Frage disputiert wurde, ob Mitmenschlichkeit, jetzt »Horizontalismus« genannt, gleich wichtig sei wie die vertikale Beziehung zu Gott, schrieb Lévinas diese immer noch aufsehenerregenden Worte. Beziehung zu Gott? Nur indem du dich persönlich völlig verantwortlich machst für eine gerechte Wirtschaft.

---

2   Vgl. Emmanuel Lévinas, Schwierige Freiheit. Versuch über das Judentum. Aus dem Französischen von Eva Moldenhauer, Frankfurt am Main 2013.

Gerecht heißt: mit dem Ziel, das Schicksal der Ärmsten in dieser Welt zu bessern.

Gegen den Strom des postmodernen und neoliberalen Ich-Denkens hat Lévinas uns mit der Radikalität der biblischen Ethik konfrontiert, in der nicht ich der Ausgangspunkt bin, sondern der andere Mensch, der mich ansieht und mich in Anspruch nimmt. Menschen, schreibt er, sind dazu »auserwählt, einander zu dienen«.

Alle christlichen Kirchen sollen sich zu dieser Einsicht bekehren – also auch alle Menschen die, durch Geburt oder Beitritt, höchstpersönlich zu diesen Kirchen gehören. Und alle die, von den Kirchen losgelöst oder außerhalb der Kirchen geboren und erzogen, die biblische Vision eines »Königreichs Gottes« als die tiefste Quelle ihres Gewissens erfahren.

»KNECHT«

1

Das Wort »Evangelium«, Freudenbotschaft, gute Nachricht, hat in den ältesten Schriften über Jesus eine politische Spannung. So wie es Feldherren und Kaiser am Anfang unserer Zeitrechnung verwendeten, um den Beginn einer neuen politischen Situation zu proklamieren, so verwenden es die Evangelien, um eine neue Epoche, eine »neue Welt« anzukündigen. Jesus von Nazaret wendet sich mit vielen Worten und »Lebensregeln« an alle, die zu erkennen geben, ihm zu dieser neuen Welt folgen zu wollen. Alle diese

Worte haben immer noch zum Ärger vieler eine politische Tendenz, und wer sie »vergeistigt« oder »verinnerlicht« oder in der üblichen Weise zu »religiösen« Wahrheiten macht, beraubt diese Worte um einen Teil ihrer Kraft und wird in vielen Fällen ihren Sinn verdrehen.

2

Ein solches Wort ist: »Niemand kann zwei Herren dienen – denn er wird den einen hassen und den anderen lieben, das heißt dem einen anhängen und den anderen verachten. Du kannst nicht dem lebenden Gott und zu gleicher Zeit dem Mammon, dem Gott des Geldes und der wirtschaftlichen Macht, anhängen und dienen« (Lukas 16,13–14). Es ist kein Einvernehmen möglich zwischen dem lebenden Gott und dem Mammon, sagt Jesus. Der Mammon ist das Gegenbild Gottes, so wie der Tod das Gegenbild des Lebens ist. Wer dem Mammon anhängt, verdammt andere zum Tode.

Mit Mammon ist gemeint: Alles, was ein Mensch auf Kosten anderer besitzt: Grundbesitz, der wuchernde, süchtig machende Besitz der Produktionsmittel. Jesus verurteilt als Gegenbild Gottes nicht den Besitz dessen, was zur Stillung der Grundbedürfnisse dient. Und wenn er zu reichen Menschen sagt, sie sollten ihren Besitz verkaufen, so meint er nicht das, was sie zum Leben brauchen. Was sagt er dann? Dass jeder, der ihm folgen will, auf eine Lebensweise verzichten soll, die auf Erwerb und Vermehrung von Status, Stand und Besitz abzielt, und sich für einen Lebensweg, einen Beruf, einen Einsatz in der politisch-sozialen Wirklichkeit entscheiden soll, durch den er oder sie an die Seite der Besitzlosen, derjenigen, die ohne das Nötigste leben müs-

sen, tritt. Ein Lebensweg, der ihn oder sie also zum »Parteigänger der Armen« macht.

3

Das Königreich Gottes, diese neue Ordnung der Gerechtigkeit, *wird* kommen, die Jünger Jesu wissen es – so wird es
im Evangelium dargestellt. Es *wird* kommen, und sie glauben an den Ereignissen ablesen zu können, dass es bald sein
wird. Sie sind unterwegs nach Jerusalem, dort wird sich
Jesus als Messias, als Stifter des Königreichs zur Geltung
bringen, so die Erwartung. Zwei Jünger, Jakobus und
Johannes, enge Weggefährten von Jesus, drängeln: Beide
möchten in dieser neuen politischen Ordnung eine
Machtstellung bekleiden, zu seiner Rechten und Linken sitzen. Sie wollen »groß«, angesehen sein.

Jesu Antwort lautet – und darin tönen die Stimmen von
Mose und den Propheten: Wer groß sein will, soll wie ein
Sklave werden; wer der Erste sein will, soll der Knecht aller
werden. Das ist »politisches Engagement« im Geiste von
Tora und Jesus. In einer Welt, in der Kriege geführt werden, um die Machtpositionen von Eigentümern zu sichern,
soll der Jünger Jesu auf die Seite der Besitzlosen, der Opfer
von Unrecht treten. Wie? Indem er darauf verzichtet, Status, Stand und Besitz nachzujagen, zu erwerben und zu ver-
mehren; indem er einen Beruf, einen »Job« wählt, auch im
Sinne einer »Laufbahn«, einer Funktion, notfalls einer Kar-
riere, welche ihm oder ihr ermöglicht, das Los der Armen
zu bessern; eine Wahl, die ihn oder sie zum »Parteigänger«
der Unterprivilegierten macht, zum Knecht, zur Magd de-

rer, die selbst nicht oder kaum imstande sind, an ihrer Lage
etwas zu ändern.

Die Worte »Sklave« und »Knecht« bedeuten »angehören«.
Werden-wie-ein-Sklave, Knecht-aller bedeutet: nicht mehr
dieser Chaos-Welt, sondern einer neuen Ordnung angehören, die noch kommen wird, einer neuen Welt, in welcher
der Tod nicht herrscht.

Wir wollen auf Thronen neben dir sitzen, sagen jene beiden,
Johannes und Jakobus. »Könnt ihr die Taufe, die Feuer-
taufe, mit der ich getauft werde, erleiden? Könnt ihr aus
dem Becher trinken, den ich trinke?, fragt Jesus sie. Und zu
all seinen Jüngern sagt er: Wer unter euch groß sein will, sei
euer Diener, und wer unter euch der Erste sein will, sei der
Knecht aller« (Markus 10,43–44).

4

Wie soll man das politisch umsetzen? Erkennst du die
Worte Jesu in ihrer revolutionären Tendenz als an dich persönlich gerichtet? Wenn du sie als Tora erkennst, an dich
gerichtet, und sie tun willst, dann weißt du auch, *wie* du sie
politisch umsetzen sollst und wie politisch das Persönliche
ist. Du empfindest, wie tief du in das herrschende Wirtschaftssystem hineingewachsen bist, in seine Ausgaben- und
Verbrauchsmuster, ins Konkurrenzdenken. Du versuchst
dich von der Macht zu befreien. Du gehst mit deiner Zeit
anders um, du wirst kritischer, widerständiger, bewusster.
Du verlierst Bekannte, suchst andere Freunde, jetzt erst
schämst du dich dessen, was dir selbstverständlich war. Du
wirst ruheloser, vielleicht aber auch glücklicher, zielstrebi-

ger. Du kannst dich freuen, wenn hie und da Unrecht vorgebeugt oder zurückgedrängt wird – früher hast du es nicht einmal bemerkt. Und du bist bereit, weniger zu verdienen und mehr Lasten zu tragen. Und du bist ständig von Leuten umgeben, die dazu nicht bereit sind.

Siehst du es vor dir, dass Menschen sich dazu entscheiden? Ich sehe in Menschen alles Mögliche durcheinander; in einem und demselben Menschen eine Menge an Motiven, Egoismus *und* Selbstlosigkeit, schlaue Kalkulation, frommen Geltungsdrang – was treibst du, was treibt dich, weißt du es selbst? Wir kennen uns selbst nicht ganz, schauen in trübe Spiegel. Dies aber ist gewiss: Der Becher, von dem Jesus spricht, schmeckt nicht süß, sondern bitter, und getauft wird mit Feuer, und Brennen tut weh. Wie du auch anfängst: Ohne selbstlose Liebe, geläuterte Liebe, hältst du diese Entscheidung nicht aus.

»VERKAUFE, WAS DU BESITZT«

1

Wer sein Leben zu bewahren sucht,
wird es verlieren,
und wer es verliert,
wird es neu erhalten.
LUKAS 17,33

Es gibt noch andere Worte, alte und störrische, aus den tiefsten Schichten der Tradition, in der wir wurzeln. Eine bis heute fortgesetzte Tradition, in vielen Schattierungen, aber eins und ungeteilt im Festhalten an Jesus von Nazaret. Messias, Knecht – der uns bis heute anspricht, befragt, ermutigt, tröstet, mahnt – der uns in Worten voll Gnade erscheint: »Habt einander lieb.«

2

Einer der führenden Männer fragte Jesus:
Guter Meister, was muss ich tun,
um Leben zu ererben in der kommenden Welt?
Jesus sagte zu ihm: Was nennst du mich gut?
Niemand ist gut außer Gott.
Du kennst die Gebote:
Du sollst nicht ehebrechen,
nicht morden,
nicht stehlen,
nicht lügen,
ehre deinen Vater und deine Mutter.
Er sagte:
Dies alles habe ich gehalten von Jugend an.
Als Jesus das hörte, sagte er zu ihm:
Eins fehlt dir noch: Verkaufe alles, was du hast,
und verteile es unter die Armen,
und du wirst einen Schatz im Himmel haben,
dann komm und folge mir!
Der aber wurde sehr traurig, als er das hörte,
denn er war überaus reich.
Jesus aber sah ihn an und sprach:
Wie schwer kommen die Reichen ins Königreich Gottes!

Ja, eher geht ein Kamel durch ein Nadelöhr
als ein Reicher ins Königreich Gottes.
Die das hörten, sagten: Wer kann dann gerettet werden?
Er sprach: Was unmöglich ist bei Menschen,
ist möglich bei Gott.

Petrus aber sagte:
Siehe, was wir besaßen, haben wir zurückgelassen
und sind dir gefolgt.
Da sagte er zu ihnen: Amen, ich sage euch,
da ist keiner, der für das Königreich Gottes
Haus, Frau, Geschwister, Eltern oder Kinder verlassen hat
und nicht ein Vielfaches wieder empfängt
hier in dieser Zeit
und in der kommenden Welt das Leben auf immer.
LUKAS 18,18–30

3

Wir hören: »Eines fehlt dir noch. Verkaufe alles, was du
hast, und verteile es unter die Armen, und du wirst einen
Schatz im Himmel haben, dann komm und folge mir!« Und
über diese und ähnliche Schriftworte steht geschrieben:
»Denn dieses Wort, das ich dir heute gebe, geht nicht über
deine Kraft und ist nicht fern von dir. Du kannst es voll-
bringen« (Deuteronomium 30,11.14).
Dieser hochgestellte Steinreiche, früher auch »der reiche
Jüngling« genannt, hat es nicht getan. Aber es ist möglich:
»Es ist möglich bei Gott«, sagt Jesus. Und wer um diesen
Heiligen Geist betet, empfängt diesen Heiligen Geist. Sagt
Jesus.

Die Reichen sind es, die die Armut der Armen aufrechterhalten. Gerechtigkeit wäre, wenn die Reichen die Armen zu einem menschenwürdigen Leben aufrichten. Sie können es. Sie können es lernen. Nach Jesus – und nach der Tora von Mose und den Propheten, in der er erzogen ist – ist das Königreich Gottes eine andere Welt als diese. Es ist eine Welt, in der die Aufrichtung der Armen geschieht, dieser Exodus aufwärts – eine kommende Welt, in der nach dem jungen Karl Marx kein Mensch ein geknechtetes, verlassenes, erniedrigtes und verächtliches Wesen ist. »Glücklich seid ihr, so arm ihr auch seid, denn für euch ist das Königreich Gottes« (Matthäus 5,3; Lukas 6,20). Das klingt einfach, fast fröhlich. Aber diese »kommende Welt« bedeutet nicht nur Befreiung für die Armen, sondern auch für die Reichen. Armer hochgestellter steinreicher Mann, der tief betrübt hingeht, weil er so viel besitzt, jedoch keinen Anteil hat an »dem Einen«, dem Einzigen, das nottut: An jener neuen Weltordnung, in der alles für alle sein wird, an diesem großen neu beseelten Ganzen, neue Liebe, Welt ohne Trennwände, ohne Apartheid, ohne den Unsinn von Ständen und Klassen, ohne gähnende Leere und Langeweile und Argwohn und Zynismus. »Eines habe ich begehrt«, sagt einer der Psalmendichter (Psalm 27,4), das Eine: dort zu sein, nahe bei Gott Ich-werde-da-sein zu wohnen, in seinem Haus, in dieser kommenden Welt, in dem Haus mit Wohnungen für alle. Alles, was du hast, verkaufe es und verteile es unter die Armen, hochgestellter armer Reicher – und du erhältst ein neues Leben, ein neues Haus in diesem Weltall. Du wirst endlich wohnen.

JESUS VON NAZARET

4

Einem hochgestellten steinreichen Leben gegenüber steht
nicht ein »armes Leben«, sondern ein Leben, das sich für
Gerechtigkeit einsetzt. Ein Knecht-Leben.

Wenn du die Tora des Mose und Jesus ernst nimmst, so
könntest du auf den Gedanken kommen, dass diese Welt,
hier jetzt, mit all ihren Banken und Armenvierteln völlig
neu gestaltet werden muss – und dass du dazu beitragen
musst. Wenn du diese Wahl triffst, dann wählst du ein
»Knecht-Leben«. Es ist nur ein Wort, aber das Wort hat alte
Wurzeln. Im prophetischen Bibelbuch Jesaja wird ein
Mensch dargestellt, der bereit ist, sich bis zum Ende den
Verworfenen der Erde hinzugeben. Der Knecht des Gottes
Ich-werde-da-sein: »wie ein Lamm zur Schlachtbank geführt« (Jesaja 53,7). In den ältesten Dokumenten unserer
Tradition wird Jesus von Nazaret als dieser Knecht er-
kannt – »nicht gekommen, um bedient zu werden, sondern
um zu dienen« (Markus 10,45). Auch wird er »Lamm Got-
tes« (Johannes 1,29) genannt – Versöhnungslamm. In der
Sprache, die zur Zeit Jesu in seinem Land, in Galiläa und
Judäa gesprochen wurde, auf Aramäisch, gab es für Knecht
und Lamm *ein* einziges Wort. *»Agnus Dei qui tollis peccata
mundi«* – Lamm Gottes, das fortträgt die Sünden der Welt.
In der Tradition von Mose und den Propheten, im Buche
Levitikus (16,21–22) ist von einem Bock die Rede, der am
großen Versöhnungstag, mit allen öffentlich ausgesproche-
nen Vergehen beladen, in die Wüste getrieben wird. Es steht
geschrieben: »So soll der Bock all ihre Schuld mit sich forttragen in die Öde« (Levitikus 16,22). Und auch von Gott-
Ich-werde-da-sein steht geschrieben, dass er »Tausenden
Gnade bewahrt, Schuld, Vergehen und Sünde fortträgt«

(Exodus 34,6–7). Der Geist dieses Gottes ist in Jesus erkannt worden – deshalb wurde er einst »Gott aus Gott und Licht aus Licht« genannt und auch, und immer noch, Lamm und Knecht Gottes.

5

Nach den vier Evangelien hat Jesus seine Wahl für ein Leben als Knecht am Abend vor seinem Leiden und Tod in einer bedeutsamen Geste kundgetan. Im Evangelium nach Johannes kniet er nieder, um als Sklave die Füße seiner Schüler zu waschen. In den Schriften des Markus, Matthäus und Lukas nimmt er Brot, bricht es, teilt es aus und sagt: »Dies ist mein Leib, nehmt und esst, um meiner zu gedenken.«
Dann nimmt er den Becher mit Wein und sagt: »Dieser Becher ist der Bund meines Bluts.«»Blut« bedeutet in der Sprache von Tora und Evangelium: Seele, Lebenskraft.

Wie verstehen wir, zwanzig Jahrhunderte später, diese Worte? Dass Jesus das Brot in seinen Leib und den Wein in sein Blut verwandelt, wie das römisch-katholische Dogma der Transsubstantiation, der »Wesensänderung«, es formuliert? Ich höre Jesus sagen: »Mache dich selbst zum Brot für Hungernde, sei beseelt vom Verlangen nach einer Welt, in der es Brot und Recht für alle gibt – trage wie ein Lamm die Sündenlast fort aus der Welt.« Was dies bedeutet, weiß jeder, der es zu vollbringen versucht: den Mechanismus des Immer-schlimmer aufhalten, den Krieg verlernen, siebzigmal siebenmal vergeben und wieder neu anfangen, deine Lebenskraft, deine Seele einsetzen gegen alles, was tötet.

6

Wir werden uns wesentlich ändern: Wir werden uns von chaotischen, haltlosen, einsamen Menschen ändern zum Leib von Jesus Messias, wenn wir, ihm nachfolgend, versuchen, ein Leben als Knecht zu wählen, Partei ergreifen für die Armen, die Fremden in unserer Mitte hüten, jedes Menschenkind achten, Sündenlast forttragen.

Wir werden seine wirkliche Gegenwart, seine »Realpräsenz« werden. Seine sanfte Kraft. Seine Liebesenergie in dieser Welt. Beseeltes Ganzes und messianische Gegenkraft wider den Tod in allen seinen Gestalten.

»AUGE UM AUGE«?

1

»Amen, ich sage euch ...« Wer einfach im Neuen Testament zu lesen anfängt, aufs Geratewohl, der könnte den Eindruck erhalten, mit einem ziemlich verwirrten Jesus zu tun zu haben: der sich selbst widerspricht, der einmal mild und sanftmütig, dann aber hart und schroff ist und unfreundlich zu Mutter und Familienmitgliedern – Mutter und Familienmitglieder sollst du hassen, wenn du ihm folgen willst (Lukas 14,26), aber deinen Feind musst du lieben, *musst* (Lukas 6,27).

Es empfiehlt sich nicht, das Evangelium einfach so aufs Geratewohl zu lesen. Es ist besser, zuerst einer Anzahl Stunden einer Einführung zu folgen. Dann wirst du hören, dass es vier Evangelien gibt, von denen drei (Markus, Matthäus, Lukas) einander einigermaßen ähnlich sind und das vierte (Johannes) eine eigenwillige jüdische »Dichtung« mit mystischen Stellen ist. Alle vier, auch das Johannesevangelium, sind zwischen den Jahren 60 und 100 in verschiedenen jüdischen Milieus verfasst; alle vier unverständlich, wenn man sich nicht zuerst in die jüdische Bibel, in die Glaubensgeschichte Israels vertiefen möchte – denn darauf spielen sie alle an: Sie sind durchaus Verweis, Zitat, Kommentar und Interpretation der alten überlieferten biblischen Erzählung.

Du musst also neu lesen lernen. Jesus sprach: »Ich bin der gute Hirt.« »Ich bin das lebendige Brot, das vom Himmel herabgestiegen ist.« »Ich bin der wahre Weinstock.« »Ich bin der Weg und die Wahrheit und das Leben.« »Ich bin die Auferstehung und das Leben« – unerträglich hochmütig, was bildete der sich ein! Das hat er also mit Sicherheit nicht gesagt; das wird ihm im vierten Evangelium in den Mund gelegt, in einigen sehr sorgfältig komponierten Reden, in denen er, ein Mensch, konsequent mit der Tora, mit dem lebendigen, zu Israel gesprochenen Wort Gottes verglichen wird. Fiktion also? Ja, prophetische, revolutionäre Fiktion!

Wenn er aber wirklich gelebt hat, ein Jude am Anfang unserer Zeitrechnung, ein prophetischer Lehrer, der großen Eindruck machte, über den noch fünfzig Jahre nach seinem Tode Erzählungen kursierten, dann wird es doch schon so sein, dass Worte von ihm selbst, Worte, die er wirklich mit eigener Stimme gesagt hat, erhalten und weitererzählt worden sind?

Im vergangenen Jahrhundert haben viele christliche und einige jüdische Schriftgelehrte nach jenen Worten in den Evangelien gesucht, in denen die allereigenste Stimme Jesu zu hören sei, buchstäblich »historische« Worte, Schlüssel zu seinem Herzen und Geist – wenn du wissen möchtest, was ihn beseelte, beziehe dich dann auf Worte wie »Wer sein Leben umklammert, wird es verlieren, wer es austeilt, wird es finden und empfangen« (Matthäus 16,25): *Das* ist von *ihm.* Und: »Die Zeit ist erfüllt, kehre dein Leben um« (Markus 1,15): Auch das ist er, doch nicht er allein, das sind alle Propheten Israels. Und: »Liebe deinen Nächsten, der ist wie du, deinesgleichen« (Levitikus 19,18; Markus 12,31): Auch das ist er, ganz und gar, aber in der Gesellschaft seiner ganzen Tradition, Tora-Tradition von Mose und Elija und allen Propheten. Und: »Liebt eure Feinde« (Matthäus 5,44; Lukas 6,27): Das ist einmalig, eigenmächtig, einsam; ein visionärer, zugleich sehr praktischer jüdischer Lehrer, der einen einsamen Schritt über die Grenze der in jenen Tagen gängigen Moral und Tora-Auslegung hinaus macht.

2

Ihr habt gehört, dass gesagt worden ist:
Auge um Auge und Zahn um Zahn.
Und dazu sage ich euch:
Leistet dem, der euch etwas Böses antut,
keinen Widerstand!
Nein! Wenn dich einer auf die rechte Wange schlägt,
dann halte ihm auch die andere hin ...
Ihr habt gehört, dass gesagt worden ist:
Du sollst deinen Nächsten lieben und deinen Feind hassen.
Und dazu sage ich euch: Liebt eure Feinde!
MATTHÄUS 5,38–39.43–44

Was ist die Tendenz jenes auf den ersten Blick so grausamen Wortes »Auge um Auge und Zahn um Zahn« (Exodus 21,23–25) ? Nichts anderes als Gerechtigkeit. In einer Welt ungezügelter Triebe, in der eine Ohrfeige mit der Todesstrafe beantwortet wird – wenn man dich schlägt, so schlägst du zurück, nimmt dir einer ein Auge, so nimmst du ihm beide, schlägt dir einer einen Zahn aus, brichst du ihm die Rippen – in dieser Welt, unserer Welt also, sagt die jüdische Lebensweisung: Dass um der Gerechtigkeit willen dieser Kettenreaktion der Gewalt Einhalt geboten werden müsse. Was bedeuten die Worte demnach? »Nicht mehr als ein Auge, nicht mehr als ein Zahn.« Die jüdischen Schriftgelehrten, die Rabbiner, haben nie erlaubt, dass diese Worte wörtlich genommen wurden: »Zahn um Zahn« hieß eine Strafe, die in eine Geldzahlung umgemünzt wurde, eine Buße: Schaden soll vergütet werden.

Wie wurde und wird dieses Wort in der christlichen Tradition ausgelegt? Im Volksmund heißt »Auge um Auge« immer noch »Wie du mir, so ich dir«, und in Wörterbüchern stand bis vor kurzem (oder steht immer noch darin) so etwas wie: »das jüdische Recht von Rache und Vergeltung«. So haben wir gemeint, in *einem* Satz den ganzen Unterschied zwischen Judentum und Christentum erfasst zu haben: Der »Gott des Judentums« sei ein strenger König und Rache sein Gebot – der »Gott des Christentum« ein liebevoller Vater, voller Vergebung und Vergebung gebietend. Wussten die Christen es nicht anders, besser? Nein, sie wussten es nicht anders. Weshalb nicht? Weil sie glaubten, alles genau zu wissen: Es gab ja für sie nichts weiter zu wissen, als dass seit Christus das Alte Testament, der alte

Bund – zum Glück – zu Ende war. War Jesus Christus nicht ein Neuanfang und sagt er nicht im Neuen Testament: »Ihr habt gehört, dass gesagt worden ist ... Ich aber sage euch«? Ein »Ich« sozusagen in Großbuchstaben? Und dieses »ICH« in Großbuchstaben bedeutet doch wohl, dass Jesus Gott ist ...

So tönt es noch immer in vielen Kirchen, und noch immer wirken das alte Vorurteil und das alte Feindbild weiter in theologischen Publikationen, in christlichen Bibelübersetzungen und in liturgischer Sprache. Wie in fast allen offiziellen kirchlichen Dokumenten, aus denen der christliche Überlegenheitswahn einem entgegenstürmt.

3

Jesus hat das Wort der Tora des Mose über die Liebe zum Nächsten als eine Haltung zu Menschen ausgelegt und vorgelebt, welche frei von Argwohn und Kalkulation, frei von aller Doppeldeutigkeit und ohne Ansehen der Person ist. *Heil* war er, ganz, nicht innerlich zerrissen oder durch listige Hintergedanken, Eigennutz und Feigheit gespalten. Er begegnete einem Schriftgelehrten nicht anders als einem »Zöllner«, Steuereintreiber, der mit den römischen Besatzern kollaborierte. Und seiner Mutter und den Verwandten nicht anders als allen Menschen, die irgendetwas von ihm verlangten.

Das Wort »Liebt eure Feinde« ist eine radikale Zuspitzung dieser Aufmerksamkeit und dieses Respekts für Menschen-wer-immer-sie-sind. Wie weit soll man gehen? So weit, meinte er.

Er meinte das, damals, in jenen Tagen. Ist damit eine »Lebensregel« für alle Zeiten und denkbaren Verhältnisse formuliert: »Christen haben einander und alle Menschen lieb, auch ihre Feinde«?

Der jüdische Schriftgelehrte Pinchas Lapide hat darauf hingewiesen, dass es über Jahrhunderte hin gerade die Juden waren, die dieses Wort des Evangeliums gegenüber ihren Feinden par excellence, den Christen, in die Praxis umgesetzt haben. In der Weise, wie sie dies taten, sind die praktischen Winke erkennbar, welche im Matthäusevangelium Jesus zugeschrieben werden: »Wenn dich einer zwingen will, eine Meile mit ihm zu gehen, dann geh zwei mit ihm! Gib dem, der dich bittet, und wenn einer von dir borgen will, wende dich nicht ab! Wenn einer dich auf die rechte Wange schlägt, dann halt ihm auch die andere hin!« Versteh dieses Wort als die praktische Weisheit von Menschen, die wissen, wie die Welt tickt und die gelernt haben, auf der Hut zu sein. Ihrem Bedrohtsein und ihrer Wehrlosigkeit haben sie eine sorgfältig erwogene Lebenshaltung abgewonnen, die darauf hinzielt, die Kettenreaktion der Gewalt zu brechen, den Mechanismus des Immer-schlimmer aufzuhalten, »um der Gerechtigkeit willen«, für eine Welt, in der möglichst alle leben können.

4

Jesus, so Pinchas Lapide, entwarf die Strategie der »kleinen Schritte der Liebe«, welche darauf hinzielt, dass dein Feind aufhört, dein Feind zu sein. Indem du ihm gegen seine Erwartung begegnest, zwingst, nein verführst du ihn dazu, seine Feindschaft aufzugeben. Was für ein Gedanke – glaubst du im Ernst, den Besatzer, den Klassenfeind auf *diese* Weise aus dem Konzept zu bringen, die Tyrannen von ihren Thronen zu stoßen, Jesus, glaubtest du das?

Wir werden nie wissen, ob er so gedacht hat. Aber die vier Evangelien zusammen vermitteln das Bild eines Menschen, der bereit war, die Grenzen der gängigen Moral und Verhaltensregeln zu überschreiten, das Unmögliche zu versuchen, eines Menschen, den der damals und heute und immer auf der Hand liegende Zynismus nicht in den Griff bekam.

Jesus muss einer gewesen sein, der denkt: Wenn ich und du und du einfach den Anfang machen und nüchtern und praktisch, heute und morgen, die Selbstverständlichkeit der Feindschaft nicht zugeben und uns nicht auf das Niveau unserer Unterdrücker erniedrigen, dann wird es einmal eine Welt ohne Feindschaft geben. Man könnte dies »zuvorkommende Liebe« nennen, die Kraft, mit der du versuchst, das Schlimmste zu verhüten und das Böse nicht schlimmer zu machen. Das also hat er von seiner Tradition, von jenem Wort »Auge um Auge und Zahn um Zahn« gelernt.

Mit »Liebe« ist in den biblischen Sätzen über den Nächsten, den Fremden und den Feind nicht das Gefühl gemeint, das man für eine, einen Geliebten empfindet, für Kinder und Eltern oder für Musik und Arbeit – alle diese Formen der Liebe sind verschiedene Schattierungen der einen großen Liebe zum Leben selbst. Dennoch glaube ich zu verstehen, warum das Vermögen, dem Nächsten, der deinen Weg unvermutet kreuzt, menschenwürdig zu begegnen, und auch das Vermögen, menschenwürdig auf Feindschaft zu reagieren, in dieser geläuterten Bibelsprache »Liebe« heißt. Dieses Vermögen ist geheimnisvoll und plötzlich aufflammend wie das Leben selbst, wie das Talent zur Liebe. Eines halbtoten

Menschen wegen von deinem Esel herabsteigen; einen anderen, der dich hasst, nicht erwürgen – das deutet auf flammende Leidenschaft und großes Verlangen hin. Und es ist keine geringere Kraft als die, mit der du deinen Lebenspartner liebgewonnen hast, langsam und plötzlich, hervorstoßend, aufwallend und dann dauernd und dann immer wieder neu. Ich glaube, dass man zu allem im Leben diese Kraft braucht, die in der biblischen Glaubensgeschichte »Liebe« genannt wird. Sprache-in-Annäherung. So wie Gott »Liebe« genannt wird (1 Johannes 4,7). So wie die Liebe »stark wie der Tod« genannt wird (Hohelied 8,6).

»SORGT EUCH NICHT«

1
Sorgt euch nicht um euer Leben,
was ihr essen oder trinken sollt,
noch um euren Leib, was ihr anziehen sollt!
Ist nicht das Leben mehr als die Nahrung
und der Leib mehr als die Kleidung?
Schaut auf die Vögel am Himmel:
Sie säen nicht, sie ernten nicht,
sie sammeln keine Vorräte in Scheunen;
euer Vater im Himmel ernährt sie.
Seid ihr nicht viel mehr wert als sie?
Wer von euch kann mit all seiner Sorge
sein Leben auch nur um eine kleine Spanne verlängern?
Und was sorgt ihr euch um eure Kleidung?
Lernt von den Lilien des Feldes, wie sie wachsen:
Sie arbeiten nicht und spinnen nicht.

Doch ich sage euch:
Selbst Salomo in all seiner Pracht
war nicht gekleidet wie eine von ihnen.
Wenn aber Gott schon das Gras,
das heute auf dem Feld steht
und morgen im Ofen verbrannt wird,
so prächtig kleidet, wie viel mehr dann euch,
ihr Kleingläubigen!
Macht euch keine Sorgen und fragt nicht:
Was sollen wir essen?
Was sollen wir trinken?
Was sollen wir anziehen?
Denn um all das kümmern sich die Völker.
Euer Vater im Himmel weiß, dass ihr das alles braucht.
Sucht zuerst sein Königreich und seine Gerechtigkeit –
dann wird euch alles andere dazugegeben.

Sorgt euch also nicht um morgen;
denn der Tag morgen wird für sich selbst sorgen.
Jeder Tag hat genug an seiner eigenen Plage.
MATTHÄUS 6,25–34

Die vier Evangelien über Jesus von Nazaret sind Auslegung und Erfahrung der Zehn Worte vom Sinai. Das Wort des Evangeliums über das »Eine, das nottut« (Lk 10,42) beruht auf dem Wort über die Liebe zum Nächsten, das in der Tradition des lebendigen jüdischen Glaubens als die kürzeste und eindringlichste Zusammenfassung der ganzen Lebensweisung von Mose und den Propheten gilt.

2

»Sorgt euch nicht um euer Leben«, sagt Jesus, »wenn Gott das Gras auf dem Feld heute so kleidet und morgen wird es weggemäht, wie viel mehr dann euch, und dennoch vertraut ihr nicht darauf.« War die Welt in den Tagen dieser Worte eine andere als heute? Hatten die Menschen dort, damals, einen stärkeren Geist, eine höhere Moral, dass sie so angesprochen werden konnten?

Sie wurden zu Hunderten weggemäht wie Gras. Es fehlte jeglicher Grund zum Vertrauen, Gott tat nichts, war nirgendwo, genauso wie heute. Aber Jesus vertraute ihnen die tiefste und höchste Weisheit seiner Glaubenstradition an, höre, was er sagt: Dass sie in ihrer jeden Tag bedrohten, ungesicherten Existenz zuerst das Königreich Gottes und seine Gerechtigkeit suchen werden.

Königreich Gottes bedeutet: eine Gerechtigkeit, die alle umfasst. Mehr als für mein eigenes Recht und Interesse (und sogar für den elementaren Lebensunterhalt) soll ich für Recht und Interesse und Leben »aller« eintreten? »Sorgt euch nicht um euer Leben« bedeutet: Sorgt euch gegenseitig um euer Leben, das zuallererst, um alle, mit denen du irgendwie verbunden bist, nah oder fern, und öffne diese Verbundenheit für jeden möglichen Nächsten, für jeden plötzlichen unmöglichen Nächsten.

Jesus scheint zu sagen, und das ist im Geiste seiner prophetischen Tradition: Leidenschaft für eine Gerechtigkeit, die alle umfasst, wird dich menschlicher machen; deine Lebenskraft, deine Moral stärken, dein Herz erleuchten. Es ist für dich besser, dich um alle zu sorgen, nicht nur um dich selbst.

Du, der du dich von Tag zu Tag um dein Leben sorgst, der du deine Zukunft so genau wie möglich planst und dich von Kopf bis Fuß versicherst: Versuche, in deinem Geiste Zeit und Raum zu schaffen für eine andere Weltordnung, für die Welt einer anderen Ordnung, in der die Verhältnisse zwischen Menschen offen und transparent sind, alle von gleicher Würde, mitteilsam und nicht geizig, ängstlich und auf den *status quo* bedacht. Eine Welt, in der zuvorkommende Liebe herrscht, die fürsorglich-vorsehend ist, kleine und große Katastrophen verhütet – wo Menschen einander nach Möglichkeit Schimpf und Schande ersparen.

Suche die Orte, wo dies jetzt schon versucht wird, es gibt sie. Suche Gemeinschaft mit Menschen, die sich schon zu einer solchen anderen Ordnung entschieden haben, die der Zukunft vorgreifen. Das Suchen nach »dem Königreich« wird dein Leben erneuern, deine Selbsterkenntnis bereichern, wird bewirken, dass du mehr dein eigen bist und mehr zur Verfügung anderer stehst, wird dich auf neue Gedanken bringen. Menschen werden dich auf nie zuvor erlebte Weise nähren und kleiden, und du wirst Bedürfnis nach mehr Erfüllung haben. Und vielleicht kommst du mit weniger »Versicherungen« aus.

»ER SPRACH ZU SEINEN JÜNGERN«

1

Es war einmal ein reicher Mann, der kleidete sich in Purpur und feines Leinen und feierte Tag für Tag glanzvolle Feste. Vor der Tür des Reichen aber lag ein armer Mann mit Namen Lazarus, dessen Leib voller Geschwüre war. Er hätte gern seinen Magen gefüllt mit dem, was vom Tisch des Reichen herunterfiel. Stattdessen kamen die Hunde und leckten an seinen Geschwüren.

Es geschah aber: Der Arme starb und wurde von den Engeln in Abrahams Schoß getragen. Auch der Reiche starb und wurde begraben. In der Unterwelt, wo er qualvolle Schmerzen litt, blickt er auf und sieht von Weitem Abraham und Lazarus in seinem Schoß.

Da rief er: Vater Abraham, hab Erbarmen mit mir und schick Lazarus; er soll die Spitze seines Fingers ins Wasser tauchen und mir die Zunge kühlen, denn ich leide große Qual in diesem Feuer.

Aber Abraham sagte: Mein Kind, erinnere dich daran, dass du schon zu Lebzeiten deine Wohltaten erhalten hast, Lazarus dagegen nur Schlechtes. Jetzt wird er hier getröstet, du aber leidest große Qual. Außerdem ist zwischen uns und euch ein tiefer, unüberwindlicher Abgrund, sodass niemand von hier zu euch oder von dort zu uns kommen kann, selbst wenn er wollte.

Da sagte der Reiche: Dann bitte ich dich, Vater, schick ihn in das Haus meines Vaters! Denn ich habe noch fünf Brüder.

Er soll sie warnen, damit nicht auch sie an diesen Ort der
Qual kommen.
Abraham aber sagt: Sie haben Mose und die Propheten, auf
die sollen sie hören.
Er sagte: Nein, das werden sie nicht, Vater Abraham, aber
wenn einer von den Toten zu ihnen kommt, werden sie um-
kehren.
Da sagte er zu ihm: Wenn sie auf Mose und die Propheten
nicht hören, werden sie sich auch nicht überzeugen lassen,
wenn einer aus den Toten aufersteht.
LUKAS 16,19–31

2

Es geschah aber, dass der arme Lazarus starb. Engel legen
ihn in Abrahams Schoß. Alle, die in Abrahams Glauben gelebt haben, dass bei Gott-ich-werde nichts unmöglich ist,
werden in seinem Schoße Ruhe und Tröstung finden, werden zum Ort ihres Ursprungs, *in paradisum,* zurückkehren.
»Ins Paradies mögen Engel dich geleiten …«
Auch der namenlose Reiche stirbt; er steigt hinab ins Totenreich, wo er im Feuer gefoltert wird und umsonst um einen
Tropfen Wasser fleht. Dann bittet er, Abraham möge den
Armen zu seinen Brüdern schicken, damit er sie warne, dass
sie ihr Raffen nicht fortsetzen oder wieder aufnehmen, denn
»wenn einer von den Toten zu ihnen kommt, werden sie
umkehren«. Abraham antwortet: »Sie haben Mose und die
Propheten. Wenn sie auf Mose und die Propheten nicht hören, so auch nicht, wenn einer aus den Toten aufersteht.«

Diese Parabel legt Lukas Jesus selbst in den Mund, über
den er am Schluss seines Evangeliums schreibt, er sei »aus

den Toten« auferstanden und zweien seiner Jünger, zwei von uns, begegnet, auf dem Weg nach Emmaus, um ihnen die »Schriften« zu erklären. Der Auferstandene selbst, so die Botschaft des Lukasevangeliums, Jesus von Nazaret, verweist uns auf Mose und die Propheten. Und relativiert im Voraus, fast grimmig, die Überzeugungskraft seiner eigenen »Auferstehung«: Sogar wenn jemand aus den Toten zu ihnen kommt, werden sie sich nicht zu Gerechtigkeit an den Armen bekehren. Ja, in einem Moment der Betroffenheit vielleicht. Andauernde Bekehrung zu Gerechtigkeit jedoch kommt nur zustande im Lehrhaus von Mose und den Propheten. »Sie haben ja Mose und die Propheten. Sie könnten wissen, was sie wissen sollen.«

Die Tora des Mose und die immer wieder aktualisierende politische Anwendung dieser Tora durch die Propheten: Mögen alle Reichen und ihre Brüder und Schwestern darauf »hören«. Tora bedeutet »Lebensweisung« – Worte wider den Tod in all seinen Gestalten.

3

Nach jahrhundertealten, aber immer noch geläufigen mythologischen Fantasien brennt tief im Abgrund der Unterwelt ein Höllenfeuer. Diese Mythologie ertönt ja auch in der Bibel. Die Verfasser der Bibelbücher sind sich einig, dass diejenigen, die auf Erden die Hölle von Ausbeutung, Armut und Gewalt aufrechterhalten, in den Abgrund herabstürzen werden. Im Buch des Propheten Jesaja wird ein Lied gesungen über einen allmächtigen König von Babel, einen Ausbeuter, einen Antreiber, einen Völkerzertreter: »Wie bist du vom Himmel gestürzt, du Morgenstern, Sohn der Morgenröte! Wie bist du zu Boden geschmettert, der du

Nationen besiegt hast! ... Doch du wirst ins Totenreich hinabgestürzt« (Jesaja 14,12.15). Dieser König-Antreiber diente als Modell für die Gestalt des gefallenen Engels Luzifer. »Morgenstern, Sohn der Morgenröte«: Im dritten Jahrhundert übersetzte Hieronymus die Bibel ins Lateinische: Aus Morgenstern wurde »Lucifer«, Luzifer, der Name für Gottes höchsteigenen Todfeind. Der Mythos erzählt, wie Luzifer, der höchste, edelste Engel, gegen seinen Schöpfer revoltierte, als dieser den Menschen als sein Bild geschaffen hatte und noch zweifach dazu, mit herrlichen Körpern. Es entbrannte ein wilder Streit im Himmel zwischen der Streitmacht des eifersüchtigen Luzifer und den Legionen Michaels. Luzifer und seine Anhänger wurden aus dem Himmel in einen Abgrund von Feuer vertrieben. In seinem Evangelium spielt Lukas auf diese mythisch-prophetischen Bilder an, wenn er Jesus sagen lässt: »Ich sah den Satan wie einen Blitz vom Himmel fallen« (Lukas 10,18) – der Himmel ist rein, dort herrscht Liebe, Gott ist Liebe: Dein Wille geschehe auf Erden wie im Himmel.

4

Luzifer-Satan-Völkerzertreter-Baal-Mammon-Schlange-Drache ist der Todfeind des Gottes der Armen und seiner Tora. Er wohnt in einem *Feuerpfuhl* – in seiner *Göttlichen Komödie* macht Dante einen *Eispfuhl* daraus – und jener reiche Mensch aus dem Evangelium gehört, einfach gesagt, zu ihm, so wie das Lebenslos der Armen sehr einfach gehalten ist. Und alle Schriften der frühen Jesus-Bewegung stimmen mit jenem Lied des Jesaja gegen den Völkerzertreter überein: In den letzten Tagen, in der Endzeit, wenn der König-Befreier, Menschensohn genannt, kommen wird, um Gericht zu halten – dann wird er sagen: Du, du hast keinem meiner durstigen Menschen auch nur einen Becher Wasser gegeben – ich war ein Fremder und du hast mich nicht aufgenommen, du bist verflucht, verschwinde aus meinen Augen ins ewige Feuer, das für den Satan und seine Engel bestimmt ist.

Und im letzten Buch der jüdisch-christlichen Bibel, Buch der Offenbarung, Apokalypse, wird kurz und klar der Untergang der Machthaber beschrieben. Aller Unterdrückung, in welcher Form auch immer, wird ein Ende gemacht – auch der sexuellen Ausbeutung durch Zuhälter; auch dem Ausbeuten von Angst und Aberglauben durch Quacksalber, Pseudoheiler, Pseudomessiasse und andere Betrüger. Alle werden »in den Pfuhl von Feuer und Schwefel« geworfen.

5

Dass es wirklich eine Hölle gäbe, eine ewige Folter in Feuer oder Eis, das ist ein grässliches Fantasiegebilde. So grässlich wie das Los der Verworfenen. Wenn wir aber hoffen, aufgrund des Buches Bibel, dass dieses Los einmal ein Ende haben wird – dass eine neue Welt kommen wird – warum sollte ich da nicht hoffen, dass einmal dieses ewige Feuer ein Ende haben wird? Ich habe mir dazu etwas einfallen lassen; ich werde wohl nicht der Erste sein in der Geschichte. Ich denke – ich mythologisiere: Dass alle Übeltäter, Ausbeuter, Räuber und Mörder, Völkerzertreter, Schlächter, Zuhälter und Großinquisitoren, Iwan der Schreckliche, Hitler, Stalin, Franco und Pinochet – dass die alle noch *eine* Chance erhalten. Sie erhalten alle noch 120 Jahre auf Erden, um an einer neuen Welt mit zu schuften, an der Stadt Gerechtigkeit-und-Frieden mitzubauen, in bedingungsloser Liebe.

Wenn Gott Ich-werde so ist, wie wir hoffen, erbarmend, gnädig, langmütig – dann verleiht er ihnen allen noch *eine* Chance, dreimal vierzig Jahre. Aber wessen Herz und Seele verhärten, sie werden in der Leere verwehen, und es wird kein Hahn nach ihnen krähen. Und das ist der zweite Tod, endgültiger Tod.

Wir müssen uns bekehren. Bleibende Bekehrung kann nur zustande kommen im Lehrhaus von Mose und den Propheten, in einem langsamen und mühsamen Prozess der Gewissensreform. Nimmst du den ethischen Appell von Mose und den Propheten ernst, sagt Jesus von Nazaret, so lernst du einzusehen, dass du diese Welt neu organisieren musst, und vielleicht sogar wie!

LEIDEN, TOD UND AUFERSTEHUNG

1

Franz von Assisi, Europas Lieblingsheiligem, wird folgendes Gebet zugeschrieben: »O Herr, mache mich zum Werkzeug deines Friedens, dass ich Liebe übe, wo man hasst.« In diesen zwei Sätzen ist einem Verlangen Ausdruck verliehen, das viele erkennen werden und das manchmal hoch in uns aufwallt, in Tagen des Kriegs, mal hier, mal dort: Man möchte ein Instrument des Friedens sein, man möchte etwas tun, wir schämen uns unserer Ohnmacht; und viel-

leicht, wenn es etwas nützte, wären wir zu großen Opfern
bereit.

2

In Jahrhunderten von Kriegen und unversöhnlichen Feind-
schaften haben zahllose unbekannte, einfach irgendwo geborene Menschen danach verlangt ein Instrument des Friedens zu sein und dafür große Opfer gebracht. Sie haben ihr
Leben Projekten der Gerechtigkeit und Versöhnung geweiht; haben Trennwände mit abgebrochen, Schulden anderer abgegolten, Lasten auf sich genommen, insbesondere
auch die Last der Gewissensbildung; sie haben nachgedacht,
sich selbst und diese Welt zu ergründen versucht; sie haben
geweint vor Wut über das Unrecht, verzweifelt über dessen
lange Dauer, sie haben gehofft, und was sie gerade noch sahen, sahen sie kurz nachher nicht mehr. Und so sind sie gestorben. Wo ist ihre große Liebe hin? Nichts wissen wir von
diesen Zahllosen, wie viele von ihnen in Bitternis gestorben
sind und wie viele nicht verbittert gestorben sind, sondern
in Hingabe an eine Vision, die sich einst, einst an ihren
Kindern oder fernen Nachkommen erfüllen wird.
Unter ihnen gab es Leute, die sich dazu berufen wussten,
anderen vorauszugehen und sie in diese Projekte von Gerechtigkeit, in diese Versuche der Versöhnung, in den
Kampf gegen das herrschende Chaos mitzunehmen. Menschen, die vorangingen, die Initiative ergriffen haben, Erst-
linge, Frauen und Männer, welche die Vision formulieren,
praktizieren und tragen konnten; welche sich zur Verfügung
stellten, das Gewissen ihrer Zeit zu schärfen und die Hoffnung lebendig zu erhalten: Das hat sie viel Leid gekostet. So
ergeht es jedem, der mit einer anderen Welt anfängt, eine

JESUS VON NAZARET

große Liebe hat. Ein Leiden, das du nicht willst, nicht wählst; das du aber annimmst, dieses Einen wegen, dem du treu sein willst.

3

Ich halte Jesus von Nazaret für einen solchen Menschen, für einen, der vorangegangen ist, für einen solchen »Erstling«. Am Ostermorgen singt und erzählt die Liturgie seine Geschichte, jene fast zwanzig Jahrhunderte alte, in Disputen zergliederte, aber nicht kleingekriegte Geschichte von einem, der sich dazu berufen wusste, viele miteinander zu versöhnen, der bereit war, sogar seine Feinde zu lieben. Aus den Schriften seiner Tradition kannte er die Geschichte vom Sündenbock, der mit allem Übel des Volkes beladen in die Wüste geschickt wurde, um es bis dorthin fortzutragen, wo es nicht mehr schadete. In prophetischen Liedern, Jesaja zugeschrieben, wird statt des Sündenbocks eine menschliche Gestalt, ein »Knecht« skizziert. Von ihm wird gesagt, er werde leiden und sein Leben geben »um viele zur Gerechtigkeit zu bringen«, um viele in das Land Gerechtigkeit hineinzuführen und miteinander zu versöhnen.

4

Und es geschah, dass er Petrus, Johannes und Jakobus mit sich nahm und auf den Berg stieg, in die Höhe, um dort zu beten. Und es geschah, während er betete, dass, tief aus seinem Innern, als sein tiefstes Selbst, die Vision des Landes Gerechtigkeit in ihm aufstieg, *über* ihn kam, und dass sich das Aussehen seines Gesichtes änderte, und sein Gewand wurde blendend weiß, die Farbe der neuen Erde. Und siehe, zwei Männer reden mit ihm, es waren Mose und Elija: jene zwei, die einst das große Befreiungsprojekt, welches »Auszug« genannt wird, angefangen haben und wieder neu anfingen; sie sind gekommen, ihn zu trösten und zu ermutigen; ihn zu stärken und festzuhalten, da er sich entschlossen hat, den Weg zu Ende zu gehen, komme, was kommt.

Höre, wie die Worte für sich reden:

Und siehe, es redeten zwei Männer mit ihm.
Es waren Mose und Elija;
sie erschienen im Lichtglanz
und sprachen von seinem Auszug,
den er in Jerusalem erfüllen sollte.
Petrus und seine Begleiter aber schliefen,
schwer vom Schlaf, als sie jedoch wach wurden,
sahen sie Jesus im Lichtglanz
und die zwei Männer, die bei ihm standen.
Und es geschah, als diese sich von ihm trennen wollten,
sagte Petrus zu Jesus: Meister,
es ist gut, dass wir hier sind.
Wir wollen drei Hütten bauen,
eine für dich, eine für Mose und eine für Elija.
Und er wusste nicht, was er sagte.
Als er aber dies sagte, kam eine Wolke
und überschattete sie. Sie aber fürchteten sich,
als sie in die Wolke hineingerieten.
Und es geschah: eine Stimme aus der Wolke:
Dieser ist mein auserwählter Sohn,
auf ihn sollt ihr hören.
Während die Stimme geschah,
war Jesus wieder allein.

Und sie schwiegen und verkündeten in jenen Tagen
niemandem von dem, was sie gesehen hatten.
LUKAS 9,30–36

5

Als Jesus vom Berg herabstieg, hatte er sich im Gespräch
mit seiner tiefsten und höchsten Tradition, im Gebet, in der
Gestalt des »Knechtes« erkannt, und er wusste, dass die
Worte des Propheten Jesaja sich an ihm erfüllen sollten:
»wie ein Lamm, das zur Schlachtung gebracht wird, und
wie ein Schaf, das vor seinen Scherern verstummt« (Jesaja
53,7). Und er versammelte seine Jünger um sich und sprach:
Ich werde in die Hände der »Völker« geraten (er meinte der
Römer, der Besatzer von Israels Boden, der Erhalter des etablierten Chaos), und sie werden mich mit Peitschen schlagen und mich töten, aber ich werde auferstehen. Sie verstanden jedoch nichts davon, und dies Wort war ihnen völlig
unklar. Welches Wort? Dass sie ihn töteten? Dass er aufer-
stünde? Dass es nicht anders sein *konnte*, wenn man eine
Vision der Befreiung hat. Dass man mit dieser Bereitschaft,
bis zum Äußersten zu gehen, eine Gefahr für den *status quo*
und das herrschende Regime, also staatsgefährdend ist.
Dass aber das System von Lüge und Gewalt einen ja nicht
überwältigen kann; deinen Leib töten zwar, aber nicht dein
Licht. Sie verstanden dieses Wort gar nicht, sie konnten
nicht verstehen, »dass er musste« und was ihn beseelte.

6

Hat Jesus das Leiden gewählt? Er hat die Vision gewählt –
er wusste sich von der Vision auserkoren. Er sah sie – da
war's um ihn geschehen. Und das Leiden nahm er mit in

Kauf. So geht es, wenn du eine Vision hast, eine große Liebe, dann musst du leiden. Das muss so sein. Du willst es nicht. Aber du lässt nicht ab.

Und so hat er gelitten. Vielleicht noch am meisten, als er einsah, dass er nicht der Letzte sein würde, der so leiden muss, dass er nicht *der* Erlöser der Welt war; dass es vielleicht ja nichts nützte. Hat er es vielleicht am Ölberg geahnt – dass sein Opfer umsonst war? Ein verschenktes Leben, das nirgendwo bleibt? Das ist das Gericht am Ölberg, so zu empfinden.

Als er, am Kreuz, die Finsternis eintreten sah, mitten am Tag, da muss er sich gedacht haben, dass die Finsternis das Licht endgültig überwältigt hat. Die älteste Erzählung über ihn, das Evangelium nach Markus, legt ihm die Worte »Mein Gott, mein Gott, warum hast du mich verlassen« in den Mund – und bezeugt, dass er mit einem Elendsschrei starb, jenem Schrei aus der Tiefe, der in vielen Psalmen widerklingt.

7

In der Überlieferung ist das bittere Ende dieses Menschen nie übertüncht worden, es klingt bis heute und ist mit Verzweiflungsschreien aus zwanzig weiteren Jahrhunderten beladen. Aber diejenigen, die ihn als Propheten jenes Königreichs Gottes gekannt haben, haben ihm nach diesem Zitat aus Psalm 22 noch andere Worte in den Mund gelegt: »Vater, in deine Hände befehle ich meinen Geist«, lässt ihn Lukas in seinem Evangelium ausrufen (23,46) und sagt damit, dass die Folter seine Geisteskraft und seine Hoffnung nicht zerstört hat, dass er ausharrt in dem, »was seines Vaters ist« (2,49), in seinen Worten, im Haus und All seines Vaters, in

dem er schon als Junge sein musste. Dieser Vater ist der
Gott von Mose und Elija, der Gott des Auszugs und des
»Im Anfang«, der Menschen die Erde anvertraute: Hier,
Auserkorener, dies gebe ich dir. Dieser Vater war bei ihm in
seiner Todesstunde? »In deine Hände meinen Lebensatem« – das kann nichts anderes bedeuten, als dass in ihm
die Finsternis das Licht nicht überwältigt hat.
Ich weiß nicht, was wir daran haben, an dieser Erzählung
über Jesus. Mir ist manchmal, als wäre sie mir ein letztes
Wort: Du, der du mich verlassen hast, ich verlasse dich
nicht. Das ist die am meisten durchgehaltene und voll-
brachte Liebe und Treue, die Mose und Elija und die ganze
Tradition Israels sich denken konnten.

8

In ihrem Geist und mit ihrer Vorstellungskraft haben die
Evangelien den Gedanken gewagt: Dass diese absolute
Treue durch das absolut Undenkbare beantwortet werden
musste: Auferstehung aus dem Tode. Dieser Mensch hat
den Gott Israels zum Unmöglichen herausgefordert; und es
sind Mose und Elija, zwei Männer in strahlendes Weiß gekleidet, die dies am ersten Tag der Woche, es war noch am
frühen Morgen, den drei Frauen aus Galiläa und in ihnen
der ganzen Welt und allen Völkern bis auf den heutigen Tag
verkündigt haben: Dass, wenn wir nicht endgültig vor den
Versuchungen des Zynismus kapitulieren – wenn wir bis
zum Ende an der Zukunftsvision dieses schweigenden verborgenen Gottes, an seinem Weltbild, an seinem Menschen-
bild festhalten, dass wir dann im Tod denjenigen begegnen
werden, die uns vorausgegangen sind, der ganzen Schar, die
niemand zählen kann.

9

Dies ist die Ostergeschichte. Und es gibt sie nie als vorhandene Wahrheit, als Dogma – sie muss aber immer wieder neu erzählt werden, verhüllt in Bildersprache, zersprengt im Stammeln. »Dies ist, was ich nicht fassen, nicht denken kann, für mich zu hoch ist«, so weiß ich mit den Dichtern von Psalm 139. Und dennoch erfüllt es mein Denken mit aller Macht, oder nenne es den dritten Himmel, so wie es in einem von Paulus' Briefen über einen Menschen geschrieben steht, der im Leib oder außerhalb des Leibes – ich weiß es nicht, Gott weiß es – ins Paradies entrückt wurde und unsagbare Worte hörte, die kein Mensch aussprechen darf (2 Korinther 12,2–4).

Die Erzählung von der Auferstehung Jesu ist die radikalste Vorstellung, dass die Vision vom Königreich Gottes recht hat: Recht haben diejenigen, die, gegen die ganze Welt, weiterhin an Versöhnung zwischen Menschen glauben und darauf hoffen; sie wählen jene Vision als letzte Wahrheit. Die Erzählung von der Auferstehung Jesu ist die radikalste Vorstellung des Rechts der Schwächsten; aller, die die Vision wie Wunden an ihrem Körper getragen haben – die gelitten haben; die gestorben sind und sie nicht verwirklicht sahen und trotzdem nicht der »Versuchung« erlegen sind, zu glauben, dass es nur ein Hirngespinst war. Kein Hirngespinst, sondern ein Versprechen: »Ich werde da sein.« Es wird eine Zukunft geben. Dieser Gott, von Abraham und von Jesus, ist »Zukunft«. Nicht ein Toter ist das Ende, sondern ein Lebender. »Er aber ist nicht ein Gott von Toten, sondern von Lebenden, denn für ihn leben alle« (Lukas 20,38).

JESUS VON NAZARET

10

Jesus von Nazaret war nicht der Einzige, der gelitten hat, weil es sein musste und nicht anders ging – und es ist nicht in seinem Geist, ihn zum Einzigen zu proklamieren. Alles, was ihn von anderen Menschen loslöst, ist nicht in seinem Geist.

HEILIGER GEIST

1

Der Heilige Geist ist nicht der Wind, der die Blätter der Bäume rascheln lässt, oder der Sturmwind, der Stämme entwurzelt. Der Wind ist der Wind und nichts sonst, so heftig es auch stürmt. Der Heilige Geist ist auch nicht der Lebensatem in unserem Körper, die Luft in unseren Lungen, mit der wir sprechen und singen, keuchen und wimmern. Auch die Leidenschaft des einen für den anderen ist nicht Heiliger Geist, ebensowenig die Meeresbrandung und die Feuersglut der Sonne.

Leidenschaft für Gerechtigkeit und Frieden hingegen, Glut des Erbarmens – dass man das Keuchen und Wimmern und unterdrückte Schreien von elternlosen und in sich selbst vergrabenen Kindern noch hört: Das ist Heiliger Geist. Und dass wir nicht aufhören, Worte der Ermutigung zu finden und auch des Protestes, dass man nicht sprachlos wird und nicht verstummt; dass man einander weiterhin zusingt und einer den anderen segnet und nicht der überall vorherrschenden Abfälligkeit, der harten Sprache, die Menschen fertig macht, der Sprachverwirrung nachgibt: Das ist Heiliger Geist.

Der Heilige Geist ist also »etwas« in Menschen – etwas in
Menschen. Etwas? Eine Kraft, eine Einsicht, eine Intuition;
eine Gegenkraft, gegen alles, was hart und zwanghaft und
kalt und versteinert ist. Und zwar *in der Weise* in Menschen, dass er freikommt, je stärker sich Menschen miteinander verbinden. Sie müssen freilich miteinander unter
einem Dach und an *einem* Tisch sein wollen.
Etwas in Menschen? *Gott* in Menschen. Dasjenige in Menschen, worin sie Bild und Gleichnis von Ihm sind. Von
Ihm, der Schöpfer und Befreier heißt. Heiliger Geist:
Schöpfungskraft und Befreiungskraft in Menschen.

Erschaffen heißt: bewohnbar machen – das »Tohuwabohu«
in einen Tisch verwandeln, an dem deine Kinder essen können. Geröll und Schutt aufräumen. Mit Sätzen aufräumen,
die wie ansteckende Krankheiten sind und wie Krebsge-
schwüre wuchern und alles beim Alten lassen: »Es ist alles
hoffnungslos«, »Ich will nicht nachdenken« oder »Ich
glaube, ich bin schlecht«. Damit aufräumen: Das ist erschaffen. Erschaffen bedeutet »Schöpfung aus dem Nichts«,
sagen die Philosophen. In der Bibel heißt »Nichts«: men-
schenunwürdig. Erschaffen heißt: menschenwürdiges Leben
möglich machen. Und befreien heißt: einander befreien –
dich selbst befreien, um andere befreien zu können. Schöpfungskraft, Befreiungskraft. Mit aller Überlegung, Sanft-
mut, Beharrlichkeit, mit allem Takt und Scharfsinn, die
man dazu braucht. Heiliger Geist: Kraft des Beharrens.

2

Pfingsten ist das Fest des »Heiligen Geistes«. Immer weniger Jugendliche in den Niederlanden, immer weniger Men-

schen unter vierzig wissen, was Pfingsten bedeutet. Die Farbe von Pfingsten ist rot, die Farbe der alten liturgischen Pfingstgewänder; tiefes Rot – eine Nuance tiefer als das Rot der sozialistischen Vision. Das tiefe Rot einer langen Liebe. Die Farbe strömenden, pochenden Herzblutes.

Pfingsten – der fünfzigste Tag. Wieso »fünfzigster Tag«? Der fünfzigste Tag nach Ostern, wenn der Auszug aus der Sklaverei in Ägypten und die Auferstehung Jesu gefeiert werden.

Pfingsten, Fest des heiligen Lebensatems, der im Anfang über der Urflut stürmte und der uns eingeblasen wurde – zu Pfingsten feiere ich, dass ich fünfzig Tage nach dem Auszug mit unzählbar vielen anderen am Fuße des Berges Sinai stehe. Ich stehe dort, in dieser Menge; ich bin diese Menge, so wie ich jeder Einzelne *und* die ganze Menschheit bin. Und in meiner eigenen Sprache empfange ich dort die Zehn Worte über das Leben auf Erden, die Liebesvision des Alles-für-alle. Kein Mensch ist Nicht-Ich. So denkt die biblische Geschichte über Menschen. Niemand wird nicht von der Sinai-Stimme angesprochen. In der jüdischen Tradition, unserer Lehrerin, wird bis auf den heutigen Tag gesagt, dass die Zehn Worte und die ganze Tora in allen Sprachen der Welt gegeben sind – damit niemand sagen könnte: »Ich wusste das ja nicht – nicht töten (einander nicht zerschmettern, vergasen, vernichten)? Nie davon gehört.« Vor dem Hintergrund dieser Sinai-Erzählung wird in der Pfingstgeschichte prophetisch erzählt, wie der Heilige Lebensatem jene Zehn Worte-wider-den-Tod zu allen Völkern hinüberweht, bis an alle Ecken und Enden der Erde, damit

überall, wo Menschen sind, nun endlich das anfangen
kann, was Jesus von Nazaret das »Königreich Gottes«
nannte – neuer Anfang des alten Sinai-Bundes.

3

Als nun die fünfzig Tage erfüllt waren,
waren alle zusammen am selben Ort,
Und es geschah auf einmal vom Himmel her ein Brausen,
wie wenn ein gewaltiger Atem daherfährt,
und erfüllte das ganze Haus, in dem sie saßen;
und es erschienen ihnen Zungen wie von Feuer,
die sich verteilten;
auf jeden von ihnen ließ eine sich nieder.
Und alle wurden vom Heiligen Geist erfüllt
und begannen, in fremden Zungen zu reden,
wie es der Geist ihnen eingab.
APOSTELGESCHICHTE 2,1–4

Wort für Wort, Satz für Satz verweist dieses Erzählfragment
aus der Apostelgeschichte auf die Befreiungsgeschichte Israels: auf die Geschichte von Auszug, Durchzug durch das
Meer, Einzug in das Land. In unserer Vorstellung wird her-
aufbeschworen: eine kleine Gruppe von Menschen, eine
kleine »Gemeinde«. Die Jünger seiner Wahl, einer ist abgefallen, einer wurde hinzugewählt, zwölf Männer – deuten
sie auf die zwölf Stämme des neuen, aus den Toten erweck-
ten Israel? –, zusammen »mit den Frauen, mit Maria, der
Mutter Jesu, und mit seinen Geschwistern«. Eine kleine
Schar Leute, unter *einem* Dach und im Gebet vereint, in Jerusalem, im Herzen einer zerstörten Welt. Es ist der fünfzigste Tag nach Pessach. Von alters her, seit dem Einzug in

das Land unter Josua, ist dieser fünfzigste Tag ein großes Fest: das Fest der ersten Ernte im Land. Diese erste Ernte ist die Vollendung des Auszugs aus Ägypten, die erste Frucht der Befreiung: Durchbruch und Aufblühen von Lebenskraft wird dann gefeiert.

Und an jenem fünfzigsten Tag geschah es, plötzlich, vom Himmel her. Das heißt: gegen alle Berechnungen, gegen unsere zynische, kärgliche Erwartung. Was geschah? »Klang, wie wenn ein gewaltiger Atem daherfährt«. Klang wie aus einem blasenden Mund. Oder auch: Brausen wie das Meer. In den Psalmen werden die »Völker«, die Israel umgeben und bedrohen, mit den tosenden Wellen des Meeres verglichen. Gegen die heranstürmende Gewalt der römischen Legionen, der militärischen Spitze des mächtigsten der »Völker«, gegen diese Übermacht setzt der Gott Israels seinen gewaltigen Atem ein, und dieser wird der Todesgewalt Einhalt gebieten. Und das ganze Haus wird von diesem Atem »erfüllt«.

Welches Haus? Das »Haus Israels«, dazu berufen, eine Wohnstatt für alle Völker zu sein, Haus mit vielen Wohnungen; Gegenbild des »Sklavenhauses Ägypten«, aus dem sie herausgeführt wurden. Diese Berufung Israels, ein Haus für alle Lebenden zu sein, wird hier erfüllt: Nun ist der Auszug vollendet. »Du sendest deinen Geist aus: Sie werden erschaffen und du erneuerst das Angesicht der Erde« (Psalm 104,30).
Dann werden »Zungen« aus Feuer gesehen, das sich auf sie niederließ, und sie fangen zu reden an. Der Geist des Gottes Israels und des Messias macht Menschen in neuen Zun-

gen reden. In der Bildersprache der Schrift ist »die alte Zunge« die Sprache der Machthaber, Räuber und Mörder; eine Sprache wie ein Messer, eine Sprache des Unrechts, des Feuers, das lebensgefährdend aufloht und Menschen verschlingt. Hier wird in neuen Sprachen geredet, und zwar von allen. Wie geschrieben steht: »Ich werde meinen Geist ausgießen über alles Fleisch. Eure Söhne und Töchter werden Propheten sein« (Joël 3,1).

Was weissagen sie? »Wir hören sie in unseren Sprachen Gottes große Taten verkünden« (Apostelgeschichte 2,11). »Gottes große Taten« – mit diesem Ausdruck wird durch die ganze Schrift hindurch angedeutet: die Befreiung aus dem Sklavenhaus, der Durchzug durch das Meer, der Einzug in das neue Land. Gegen alle Verwüstung bezeugen sie, dass Auszug und Befreiung weitergehen werden.

4

Aus der Kraft des Geistes wird die messianische Gemeinde geboren, so erzählt Lukas in der Fortsetzung seines Evangeliums, der Apostelgeschichte. Seine Vision ist am Tag des Todes Jesu nicht abgestorben. Menschen haben sich miteinander verbunden, um sie hoch zu halten. Die ganze Gemeinde war »ein Herz und eine Seele. Keiner nannte etwas von dem, was er hatte, sein Eigentum, sondern sie hatten alles gemeinsam. Mit großer Kraft legten die Apostel Zeugnis ab von der Auferstehung Jesu, des Herrn, und reiche Gnade ruhte auf ihnen allen. Es gab auch keinen unter ihnen, der Not litt« (Apostelgeschichte 4,32–34). Dieses Zeugnis über die erste Gemeinde des Messias scheint eher ein Wunschtraum, Skizze einer noch unmöglichen Zukunft, als ein historisch zuverlässiger Bericht zu sein. Dass Menschen so von »Heiligem Geist« erfüllt werden, dass sie zu jenem denkbar reinsten, über jedes politisches System hinausgehenden »Kommunismus« imstande sind, dass Liebe eine leichte Bürde ist und Gemeinschaft ein tröstendes Joch, dass niemand mehr zu einem anderen sagt: »Ich brauche dich nicht«, dass die Geringsten die Kostbarsten sind: Das ist keine Geschichte, sondern die Vollendung der Geschichte. Das ist das Ende. Hat es dies jemals gegeben, wenn auch nur unter zwei oder drei Menschen? War jemals eine solche messianische Gemeinde vorhanden, oder gibt es sie jetzt, wenn auch nur ansatzweise? Lässt sich, wo auch immer, zwischen Menschen ein Zusammenhalt und eine verbindende Kraft erleben, die auch nur einigermaßen demjenigen, was in der Apostelgeschichte beschrieben wird, ähnlich ist?

5

Wie für die ganze Schrift, so gilt auch für diese Pfingsterzählung, dass wir ihr unrecht tun, wenn wir sie nicht als eine Erzählung *über uns selbst* lesen und verstehen. Wie betrifft sie uns? Sie befragt uns, ob die Vision von der Befreiung der Unterdrückten und von einer erneuerten Erde unsere »letzte Wahrheit« ist, ob wir sie leben. Und sie unterrichtet uns auch, indem sie uns zeigt, dass es einfache, entmutigte Menschen waren in einer schrecklichen Zeit, auf denen sich der Geist niederließ.

Diejenigen, die aus der Vision heraus leben, halten zusammen. Sie wissen (aus jahrhundertelanger Erfahrung), dass nur die Reifung und die Läuterung individueller Gefühle und Einsichten diesen Prozess der Gesellschaftswandlung und der Revolution tragen können. Angesichts der Vision einer absoluten Gerechtigkeit arbeiten sie, von Moment zu Moment, an ein wenig mehr Gerechtigkeit für ein wenig mehr Menschen. Sie sind ruhelos. Sie brennen aus. Sie reichen immer über sich hinaus und können auch gar nicht anders.

Es gibt aber eine Ruhe-der-Ruhelosen: die Ruhe, die Gewissheit, dass es besser ist zu verlangen, zu hoffen, sogar zu leiden, als sich in Pessimismus und Zynismus zu ergeben.

Eins der zwanzig Bilder des niederländischen Grafikers Hendrik Werkman (1882–1942) zur *Legende des Baalschem* von Martin Buber hat als Überschrift *Der Sabbat der Einfachen.* Man sieht ein ärmliches Zimmer mit zwei alten Menschen im Tanz. Eckige Menschen, er finster und stramm, sie noch spielerisch, in Grün gekleidet. Der Hintergrund ist hell. Sie tanzen das Glück, dass sie noch leben – ein maßvoller Tanz, in der auch Trauer mitspielt, weil das Leben schwer ist. Sie tanzen, weil es Licht gibt in ihrem Haus und sie einander sehen können und weil großes Licht versprochen ward. Sie tanzen die Freude einer neuen Welt, einer Welt ohne Schuften und Besitzen und Besitzvermehren, ohne Reichtum, Armut und Tränen. Sie tanzen die Bestimmung des Menschen, die Befreiung aus jedem denkbaren Sklavenhaus, und dass sie gut gemacht sind, mit Ehre und Herrlichkeit gekrönt; dass sie Menschen sind, dem Ewigen gleichend, modelliert nach Seinem Bilde, Werk Seiner Hände. Und auch: Dass sie, wenn sie auch arm sind, in dieser Einsicht unantastbar sind. Sie tanzen das unbeweisbare Erlebnis, »erkannt« zu sein, die Ruhe und die Sicherheit der Liebe.

»Ein wenig Ruhen«, ein Augenblick im »Lande der Ruhe und des Friedens« verweilen, das ist der Sabbat, das Werk des Heiligen Geistes in der berühmten Pfingstsequenz *Veni Sancte Spiritus* aus dem zwölften Jahrhundert: *in labore requies.*

JESUS MESSIAS?

1

Ad te levavi animam meam – mit diesen Worten aus Psalm 25 öffnet die lateinische Adventsliturgie, die meine Jugend erfreute – und eine solche erfreute Jugend geht nie ganz vorüber. »Zu dir erhebe ich meine Seele«, zu dir hebe ich mich auf, aus meiner Schwerkraft heraus; nach dir geht mein Verlangen. *Deus meus in te confido non erubescam*: Mein Gott, dir vertraue ich mich an, beschäme mich nicht, lass nicht mit einem roten Kopf mich blamieren, mitten in der Welt, die davon ausgeht, dass es keinen Gott gibt.

Das erste Gebet jenes Sonntags (in der alten römischen Liturgie) eröffnet mit den Worten *Excita potentiam tuam et veni*, »Erwecke deine Kraft und komm«, ein feuriger Ausruf. Zwei Sätze, die den Ton angeben für die Anfangszeit, den Auftakt zum sogenannten »Kirchenjahr«, das unhandlich quer über der Tageszählung des »weltlichen Jahres« liegt.

Advent, *adventus*, bedeutet Kommen, Ankunft – was, wer soll kommen? Der Advent ist die Zeit der Vorbereitung auf Weihnachten – so wurde es einst erdacht, erlebt und wird es *noch* erlebt, in Klöstern, hier und dort auch in Dorf- und

Stadtkirchen. Und außerhalb der Kirchen, in zerstreuten Menschen, die es einst gehört, gesungen haben; die empfunden haben, dass es gut für sie ist, eine Zeit von Verlangen und Erwartung zu hegen und auf einen Tag neuer Geburt hinzuleben.

2

In der Adventsliturgie wird von alters her das Kommen, die Ankunft des Messias erwartet und ersehnt. Was ist ein »Messias«? In der jüdischen Welt vor unserer Zeitrechnung wurde, nicht überall, aber hier und dort, in bestimmten religiösen und politischen Milieus, ein Messias, *Maschiach,* erwartet, eine Gestalt königlicher Hoheit, »gesalbt«, um eine neue gesellschaftliche Ordnung zu gründen; eine Gesellschaft, in der die großen Worte der jüdischen Religion, die Worte der Tora des Mose und der Propheten, die großen Worte Gerechtigkeit und Liebe, zur tagtäglichen Wirklichkeit werden könnten.

Diese neue Ordnung, welche Jesus das »Königreich Gottes« nannte, sollte weltweit gelten, über alle Grenzen hinweg und für alle Völker bestimmt. Das Verlangen nach einer solchen neuen Ordnung der Gerechtigkeit wird »messianisches Verlangen« genannt. Verlangen nach Gott ist Verlangen nach einer solchen neuen Welt Gottes, nach dem Königreich Gottes. In der ältesten Liturgie dieser Bewegung, aus der später das »Christentum« entstand, wurde Jesus von Nazaret als *der Messias* betrachtet, der Gesalbte, und das griechische Wort für Gesalbter, *Christos*, wurde zur Übersetzung des hebräischen *Maschiach.*

JESUS VON NAZARET

In der jüdischen Welt erwarteten und erhofften manche, wir wissen nicht, wie viele, einen Messias, der, wie königlich seine Herkunft auch sei, als ein Knecht auftreten würde. In den Schriften der Jesus-Bewegung ist die Rede von einem Knecht-Messias, von einem Parteigänger der Armen.

»Ich glaube an Gott, den Vater, den Allmächtigen, den Schöpfer des Himmels und der Erde und an Jesus Christus, seinen eingeborenen Sohn, unseren Herrn.« So lautet der Anfang des sogenannten *Apostolischen Glaubensbekenntnisses*. So kenne ich es auswendig, seit ich Erstklässler war. Christus war Jesu Nachname.
Im Laufe vieler Jahre bin ich von den belasteten Worten Christentum – christlich – Christus abgekommen. Ich sage jetzt *Jesus Messias.*

3
»Jesus Messias – Gottes einziger Sohn – unser Herr«. Einst eine subversive Losung, ein Weckruf, Warnzeichen gegen Menschenvergottung im Geiste von Israels Propheten; eine Protestformel gegen Kaiserkult und gegen jegliche Reverenz vor dem »Recht des Stärksten«. Aber auch seit Jahrhunderten, so kompliziert ist Geschichte, ein Schlagwort als Hieb gegen »Israel«, für manche mit »christlichem Antijudaismus« geladen, für wieder andere »Antisemitismus«, eine sprachliche Scheidewand zwischen Christen und Juden.

Für die Synagoge ist es eine unüberwindliche Grenze, dass die christliche Kirche sich das Wort »Messias« angeeignet hat und sich nunmehr das wahre Israel nannte.

Welche Überlegungen und Eingebungen immer dazu geführt haben mögen, dann und damals, dass diese Glaubensformel geschmiedet wurde, seit Jahrhunderten und sicher seit Auschwitz besteht die Gefahr, dass die christlichen Kirchen in den Worten »Jesus Messias« ihren Bruch mit dem Judentum bestätigen. Sollten die Kirchen diese Worte nicht zurücknehmen?

An inner-außerkirchlichen Stätten, Freistätten am Rande des kirchlichen Sprachfeldes, versuchen manche ihr Erlebnis von Jesus neu in Worte zu fassen und die Scheidewand in sich selbst abzubrechen.

4

Christus, Sühnemittel, Sühnopfer. »Gott war in Christus, die Welt mit sich versöhnend – Christus ist der Ursprung, der Erstgeborene aus den Toten, er stiftete Frieden durch das Blut seines Kreuzes« (2 Korinther 5,19; Kolosser 1,18.20). Kompakte, fast beschwörende Sprüche in den Briefen des Paulus und in Briefen nach ihm.

Wer ein wenig in Sachen Kirchen bewandert ist, der weiß, bis zu welch extremen Formulierungen diese Paulus-Worte geführt haben: Dass Christus »an Leib und Seele die ganze Zeit seines Lebens auf Erden, besonders aber am Ende, den Zorn Gottes wider die Sünde des ganzen menschlichen Geschlechts getragen hat, damit er mit seinem Leiden als dem einzigen Sühneopfer unseren Leib und unsere Seele von der ewigen Verdammnis erlöste«, schreibt der Heidelberger Katechismus (37) der Reformierten Kirchen.

Im Laufe der Jahrhunderte ist aber auch im Katholizismus vom ursprünglichen Zeugnis nicht viel mehr übrig geblieben als dieser Sühnopfermythos. Wer durch Frankreich pilgert – Frankreich, die älteste Tochter der Kirche, und die erste »aufgeklärte« Nation Europas –, wer eine Kathedrale nach der anderen besucht, hat weder Zeit noch Augen genug für die Mannigfaltigkeit und Vielfalt der Abbildungen, Jesus in so vielen Gestalten und so gar kein mythischer Held. Wer dann aber am Sonntag in Vézelay landet und dort in der Basilika an der Liturgie teilnimmt, was hört man singen? »O Herr, du hast deine Hände am Kreuz ausgebreitet, du hast dein göttliches Blut vergossen für einen neuen Bund, du hast den Zorn von uns abgewendet, du hast uns mit Gott versöhnt, Alleluja!« Und das war's. Alle reformatorischen Strömungen in der Welt und auch das römisch-katholische Christentum nach dem Zweiten Vatikanischen Konzil haben von der ursprünglichen Jesus-Erzählung vor allem diesen Christus behalten. In denselben flachen, mythischen und farblosen Formeln wird er in Vézelay und in Taizé besungen: *O mon Seigneur, mon Dieu, mon roi, Alleluja.*

5

Daran wäre also Paulus schuld. Er, nicht Jesus, war der Stifter der internationalen Bewegung, welche später zur Kirche wurde. Paulus-des-Christentums so wie Marx-des-Marxismus. Es fordert eine lange und sorgfältige Erzählung, um dieses schon seit einem Jahrhundert geläufige Paulus-Missverständnis zu widerlegen, um zu zeigen, dass Paulus etwas ganz anderes vorschwebte als eine christliche Kirche, egal welche, und wie sehr er als visionärer, fanatischer Schüler großer Rabbiner in seiner Tradition stand und versucht hat, sie der ganzen Welt zu erschließen.

Paulus war ein Seher. Er sah, wie der Gott Israels einst allen Völkern Licht und Lebensquelle und alles in allen sein wird: Vision einer ungetrennten Menschheit, einer Welt ohne Trennwände, ohne Stände und Klassen und ohne die dazugehörige Entfremdung und Rechtsungleichheit. »Also nicht mehr Jude-oder-Grieche, Knecht-oder-Herr, Mann-oder-Frau«, so schreibt er (Galater 3,28), nicht mehr jene immer drohende Feindschaft, Angst, jene Erniedrigungen und Qualen, die wir alle mitansehen oder aus eigener Erfahrung kennen.

Und es war Jesus von Nazaret, den er nie gesehen hat, den er nur vom Hörensagen kannte, es war dessen Zeugnis, der in vielen kleinen Erzählungen weitererzählte »Geist« Jesu, der jene Vision in Paulus erweckt hat: Der ihn sehend machte, als wäre er bis dahin ein Blinder gewesen. Und dann nennt er Jesus den Messias, weil Jesus diese »Welt ohne Trennwände« verkörpert. Und die Gemeinde, in der Juden und Palästinenser, Männer und Frauen, Christen und Muslime an *einem* Tisch sitzen und ihr Leben teilen, damit niemand Not oder Mangel leide, alle miteinander versöhnt und in Frieden – diese Gemeinde nennt er »den Leib Christi«. Und die Auferstehung dieses Messias Jesus sieht Paulus dort bewahrheitet, wo Menschen aus gegenseitiger Verfremdung und Diskriminierung und Ausbeutung aufstehen und Trennwände abbrechen. Auferstehung heißt: Dass Jesus in uns aus den Toten auferstanden ist, dass er in uns zum Messias wird; dass wir zu seinem »Leib« werden, zu seiner ausstrahlenden Kraft in dieser Welt. Das hat Paulus »gesehen«, in jenen Tagen, als die ganze Welt ein solcher Schmelzofen des Unrechts und Leidens war, dass es schlimmer nicht möglich schien.

6

Die jüdisch-christliche Bibel, von der Genesis bis zur Offenbarung, von Mose bis Paulus, ist in alle Sprachen der Welt übersetzt und schutzlos einer Vielfalt von Interpretationen und Lesarten ausgeliefert worden.

Die jüdische Bibel wurde und wird von Christen als *umbra*, Schatten, Präfiguration betrachtet und erst das »Neue Testament« als die volle Wahrheit. Und die Verengung der vier Erzählungen der Evangelien auf eine mythische Christusformel – je nachdem mehr oder weniger aufgrund von einigen Paulus-Texten – hat dazu geführt, dass viele Christen die Bibel nicht mehr nach deren eigener Tendenz, sondern als eine »Sühnelehre« lesen. In den Niederlanden, in West-Europa, in Nord-Amerika ist die geläufigste Lesart der Bibel die christliche in verschiedenen Varianten; die bekannteste ist jene des Heidelberger Katechismus, nach wie vor das Urdokument des niederländischen Protestantismus. In diesem »Christus« ist die ganze jüdische Bibel erfüllt – wir haben ihn, was könnte uns das sogenannte »Alte Testament« noch sein! Der Gott des Buches der Richter ist nicht derselbe wie der Gott des Evangeliums, der Vater Jesu, und so weiter.

Für manchen Theologen wird diese Theologie der »Erfüllung in Christus« noch radikalisiert in der Behauptung, dass, so wie Jesus sein Kreuz das Volk Israel die große Ver-

nichtung, die Schoa, hätte akzeptieren und tragen müssen.
Und dass jeder, Jude und Heide, sich zu Jesus bekehren, das
heißt: mit ihm an der Welt leiden und sterben sollte. Ich
fasse es kurz, aber nicht tendenziös zusammen.

7

Das große Thema der jüdisch-christlichen Bibel ist nicht
»Sühne«, die Gott zu leisten wäre, sondern Versöhnung zwischen Menschen. Handelt gegen die große »christliche Erzählung« – wie lange noch? –: von einem Gott, der unendlich beleidigt ist und den Menschen zürnt und nur durch
das blutige Kreuzesopfer seines einzigen Sohnes »versöhnt«
werden kann? In der römisch-katholischen Variante soll
dann dieses Kreuzesopfer täglich weltweit auf unblutige
Weise durch zölibatäre Priester erneuert werden, unter der
Leitung einer unfehlbaren Lehrautorität.

Diese Geschichte hat Mose nicht »geschrieben« und hat
Jesus nicht verkündigt. Sie ist aber die gängige Auslegung
der jüdisch-christlichen Bibel, das gängige »Wahrneh-
mungsmodell« geworden. Von hier bis Texas ist das ganze
komplexe, literarisch höchst nuancierte Buch auf einen Ein-
zeiler über »Sühne und Versöhnung« reduziert und zurück-
gepfiffen worden. Wir erleben, meine ich, das nahende Ende
dieser Bibelinterpretation – und dieses Christentums.

Nachwort
*Der Gedanke, dass Gott Blut sehen muss, um vergeben zu
können, wäre für Jesus unvorstellbar. Er predigte ja selbst die
Vergebung der Sünden aufgrund von Gottes Barmherzigkeit.
Nebst anderen Überlegungen gibt es schon in diesem Lichte,*

näher betrachtet, allen Anlass, die sehr einseitige Lehre der Kirche vom »versöhnenden Leiden und Sterben Jesu« kritisch unter die Lupe zu nehmen.

Meines Erachtens bedarf auch die Abendmahlsfeier einer Anpassung. Im Zentrum sollte nicht die einseitige Feier des »versöhnenden Leidens und Sterbens Jesu« stehen, sondern die Feier des Gedenkens von Jesu Märtyrertum im Dienst des Gottesreichs; ein messianisches Leiden und Sterben. Dabei könnten wir eventuell an ein stellvertretendes Leiden und Sterben denken: Jesus starb als Märtyrer, damit andere frei ausgehen können. Das vergossene Blut Jesu symbolisiert seinen Einsatz bis zum Tode für den neuen Bund, die neue Weltordnung des Reiches Gottes.

CASPER LABUSCHAGNE[3]

AN DIE EKKLESIA ZU ROM

1

In der *Abyssinian Baptist Church,* einer schwarzen Kirche in Harlem, New York, wurde am Sonntag, den 18. Juli 1999, über Römer 8 gepredigt und gesungen, einer der heftigsten Texte der christlichen Tradition: dass nichts uns scheiden kann von der Liebe Gottes in Jesus. Als Pfarrer Calvin Butts diese Worte in seiner Predigt zitierte, wurde geklatscht und »Ja« gerufen und geweint: So war es, als sie noch als Sklaven auf den Plantagen im Süden arbeiteten wie einst die Kinder Israels in Ägypten, und heute waren sie

---

3   C. J. Labuschagne, *Zin en onzin rond de bijbel, Bijbelgeloof bijbelwetenschap en bijbelgebruik,* Boekencentrum Uitgevers B. V. Utrecht 2000.

frei, in Harlem; sie wussten, dass es so war, aus eigener Erfahrung, und sie strahlten voll von dieser Gewissheit in ihren schönsten Kleidern und feierten das Abendmahl und waren zuvorkommend zu den Dutzenden weißer Brüder und Schwestern, die meisten Touristen.

Ich war gerührt und beschämt angesichts so viel aufrechten Glaubens – ich erinnerte mich, Römer 8 einmal übersetzt zu haben, und dass ich zu diesem Text ein Lied geschrieben hatte, *Gott, der uns vorauskennt,* mit Zeilen wie »Was immer uns betrifft / wiegt er mit Hoffnung auf« (übersetzt von Peter Pawlowsky).

John Kennedy Jr. war am Freitag zuvor bei gefährlichem Wetter mit seinem Flugzeug gestartet, zusammen mit seiner Frau und seiner Schwägerin, und sie waren an jenem Sonntag weder am Bestimmungsort angekommen noch gefunden worden: Darauf wurde durch Pfarrer Calvin Butts zweimal angespielt, und niemand glaubte, dass sie noch lebten – und doch waren sie in dieser Stunde in Harlem davon überzeugt, dass das Leiden dieser Zeit nicht die Herrlichkeit aufwiegt, die in uns offenbar werden wird – »das Licht, das uns einst bekleiden, uns durchleuchten wird« – so versuche ich die alten theologisch beladenen Worte zu übersetzen.

2

In der griechischen Übersetzung der jüdischen Bibel, der Septuaginta, ist *ekklesia* die Wiedergabe für das hebräische Wort *qahal,* das »zusammengerufen« bedeutet. Die Worte *qahal-ekklesia* deuten auf Menschen, die nicht aus eigener

Initiative zusammengekommen sind und aus eigener Kraft zusammenbleiben. Sie sind *zusammengeführt* worden, durch eine Stimme, durch Worte, durch eine Erzählung, und diese Erzählung hält sie auch zusammen.

Die *qahal* der »Kinder Israels«, dieser allerersten Zusammengerufenen, wurde zusammengehalten durch Worte der Befreiung, durch einen Aufruf zum Auszug, durch eine Erzählung über gutes weites Land. Im Griechischen *ekklesia* ertönt das Wort *kalein*, »rufen«, und *ek* bedeutet »aus«: ekklesia, das sind diejenigen, die von einem Ort heraus und an einen anderen Ort hin gerufen sind. Das Wort erweckt das Bild eines Weges, den man gehen soll, das Bild von Weggefährten.

3

In Rom, in einer Biegung des Tiber, wo jetzt Trastevere liegt, an der armen Seite, am Rand der damaligen Stadt, war eine Synagoge versteckt in einem unscheinbaren Haus. Da kamen Juden und Römer zusammen am ersten Tag der Woche, im Namen von Jesus – Jesus Messias, der getötet, ja ermordet und zum Leben auferweckt worden war: So lautete kurz das Evangelium, das sie zusammenführte und beisammenhielt. Juden in der Zerstreuung (Diaspora), fern von Zuhause, Anwohner, Fremde mit unsicherem Stand. Im Jahr 48 wurden durch das Edikt des Imperators Claudius alle Juden aus Rom hinausgetrieben, acht Jahre später durften sie wieder herein – damals etwa schrieb Paulus seinen Brief an die Ekklesia von Rom, einen Brief an verfolgte Juden und verdrehte Römer, Kaiser-Abtrünnige – die sich bekehrt hatten zu der Vision einer anderen Welt, »Königreich Gottes« genannt. Eine machtlose Handvoll Juden und

Römer, angefochtene Seelen. Gesenkten Hauptes sitzen sie zusammen, am ersten Tag der Woche, Auferstehungstag. Ein jüdischer Schriftgelehrter steht auf und erzählt, wie seine Väter, Gefangene an Babels Strömen, gelebt haben mit der gleichen Vision und mit den gleichen harten Tatsachen vor Augen: eine Welt voller Unterdrückung, Angst, Verfolgung, Hunger, Todesnot. Und wie sie geklagt haben und ihren Gott, den Gott der Vision, zur Verantwortung gezogen haben. Und dann hat er ihnen Psalm 44 vorgelesen, eine Klage gegen den Namen, gegen den Gott des Auszugs und der Befreiung, in dessen Namen »Ich werde da sein« die Vision einer anderen Welt beschlossen liegt:

Du hast uns erniedrigt, verstoßen
du lieferst uns aus wie Schlachtvieh,
du zerstreust uns unter den Völkern –
das alles ist über uns hereingebrochen, und doch –
wir haben dich niemals vergessen,
unser Herz war niemals untreu,
obwohl du uns gekrümmt gehen ließest
durch den Ort, wo die Schakale hausen.
Deinetwegen tötet man uns – Tag für Tag.
Sieht man uns an wie Schlachtvieh –
eine Truppe Schafe.

PSALM 44

NACH EINER NIEDERLÄNDISCHEN ÜBERSETZUNG VON
IDA GERHARDT UND MARIE VAN DER ZEYDE

Die machtlose Handvoll, dort in Rom in jenen Tagen, hat sich in diesem Protestlied wiedererkannt. So wie in unseren Tagen, hier in dieser Welt, Menschen sich in diesen Worten

JESUS VON NAZARET

wiedererkennen: »Deinetwegen werden wir getötet, abgeschlachtet wie Vieh, deinetwegen und wegen deiner Vision.« So haben sie zu Gott »gebetet«: Warum tust du uns das an? Wo bleibst du? Warum wird deine Vision nicht Wirklichkeit? Deinetwegen geschieht es, dass wir uns nicht abfinden mit den Tatsachen, uns nicht fügen in das System. Wir haben dich und deine Vision nicht verlassen – du hast uns verlassen. Und noch geben wir nicht auf, Hoffnung gegen Verzweiflung.

4

An diese Menschen – an Menschen wie diese schrieb Paulus seinen Brief; voller Anspielungen auf die Schriften seiner Tradition, die Worte des Mose und der Propheten und Psalm 44. Paulus weiß, was sie fühlen, er kennt ihre Verzweiflung aus eigener Erfahrung. Er sagt: Diese Welt, mit all den Völkern, die unter kaiserlichen Regimen ausgeplündert und zu Sklaven gemacht werden, das ist – ja was? So ist es, immer noch. Aber nun entscheide ich mich, sagt Paulus – das ist sein Ausgangspunkt –, dass ich auf diese geschändete, leidende Welt aus Gottes Augen sehen will, ausgehend von der ursprünglichen Absicht Gottes.
Ich entscheide mich, zu denken, dass Gott am Wirken ist, um eine neue Welt zur Welt zu bringen; all dieses Leiden sind Geburtswehen. Diese Welt seufzt und leidet, so wie eine Frau in Wehen liegt bis auf den heutigen Tag.

Natürlich ist das eine Interpretation der Tatsachen. Du kannst sie auch anders deuten: als reinen Zufall oder blindes Schicksal. Ich, Paulus, entscheide mich nicht wild drauflos, ich denke und hoffe nicht nur so vor mich hin, ins

Blaue hinein. Ich denke und hoffe dies, weil ich es »geschaut« habe in Jesus von Nazaret. Er ist der Erstgeborene der neuen Welt. Das habe ich eingesehen, als ich durch ihn gerufen wurde. Als ich, durch ein heftiges Licht zu Boden geworfen, vom Verfolger zum Nachfolger wurde. Als ich danach drei Jahre in der Wüste war und einmal weggerissen wurde zum dritten Himmel, hinaufgeführt zum Paradies, und dort »unsagbare Worte« hörte. Seitdem weiß ich, was ich weiß, und hoffe, so wie ich hoffe, Ausschau haltend, dass offenbar werden mag, wer wir sind. Dass diese unsagbaren Worte in Erfüllung gehen werden: neue Menschheit, mit Licht bekleidet, Messiasleib, am Tod vorbei.

Was, Paulus, hast du geschaut in Jesus von Nazaret? Ich habe eingesehen, dass er ein Gerechter war, der die Vision in ihrer vollen Schwere getragen hat. Der wegen dieser Vision durch Handlanger des Regimes, das diese Welt bitter macht, aus dem Weg geräumt wurde. Der aber auf ihr beharrte, sich nicht mit den Tatsachen abgefunden hat, der verzweifelt Gott gerufen hat: »Warum hast du mich verlassen?« – doch ich verlasse dich nicht, ich verleugne nicht deine Vision: Messiasleib, am Tod vorbei. Wegen dieser Treue hat Gott diesen gekreuzigten Sklaven herausgerufen, erhöht, verherrlicht zum Erstgeborenen der neuen Welt.

5

Paulus sieht die Ekklesia, jene in Rom damals, jede, wo auch immer, bis zum Ende der Tage: als den Leib des Messias Jesus. »Ekklesia« sind die, welche in Jesus den Anfang einer neuen Welt »geschaut« haben. Schließe dich diesem neuen Beginn an, sagt Paulus, werde selbst zum Beginn der »neuen Welt«. Identifiziere dich mit diesem Gerechten, mit seiner Verzweiflung *und* mit seinem Ausharren. Gleiche ihm in seiner Treue gegenüber der Vision – dann wirst du von ihm untrennbar sein. Du wirst sein Stellvertreter sein, seine sanfte Kraft, seine »Ausstrahlung« in dieser Welt.

Worte auf Teufel-komm-raus – Paulus, du gehst ziemlich weit! Paulus, was redest du uns da ein? Ach, fürchte dich doch nicht, so weit zu gehen, sagt er und geht noch darüber hinaus: Gott Ich-werde, sagt er, hat dich von Anfang an dazu geschaffen, dazu bestimmt – schon eh du da warst, schon im Mutterschoß. Du warst noch ungeboren, da hatte er dich schon gesehen. Das sind Orakelsprüche der Liebe. So wie du dein Kind liebtest, als es noch im Schoß war, so hat Gott dich liebgehabt und dazu bestimmt, zu Jesus zu gehören, dem Erstgeborenen einer neuen Schöpfung.

Wer wagt das? Es hat welche gegeben, die es bei vollem Verstand und mit dem Tod vor Augen gewagt haben. Gegen Ende von Kapitel 8 in Paulus' berüchtigtem Römerbrief wird der Text zum Lied, prophetisch gewagt, prophetisch sicher, wagt er sich weit hinaus, fast zu weit:

Noch sind wir in Angst und Verfolgung,
in Nacktheit und Lebensgefahr,
leiden wir Hunger, Gewalt,
so wie geschrieben steht:
Weil wir dich nicht verleugnet haben,
werden wir getötet den ganzen Tag,
abgeschlachtet wie Vieh.
Aber doch sind wir unüberwindbar,
wir überleben alles
aus der Kraft von Gott Ich-werde, der uns lieb hat.
RÖMER 8,33–36

Wer sind wir? Alle in dieser Welt, die abgeschlachtet werden wie Schafe. Und wir, die wir diesen Worten in unserer Tradition begegnen, die wir sie nicht ausgedacht haben, sie kaum oder gar nicht zu sagen wagen – manchmal, einen Augenblick, in der Stunde der Liturgie sprechen wir sie aus, rituell, stellvertretend, im Namen einer stumm geschlagenen Menge, die niemand zählen kann: Noch sind wir in Angst und Verfolgung. Und doch sind wir unüberwindbar, alles überleben wir aus der Kraft von Gott Ich-werde, der uns lieb hat.

Und dann, plötzlich, wird das »wir« im Text zum »Ich«, »ich, Paulus«, der in den Himmel entrückt wurde, der dort unsagbare Worte hörte und das Undenkbare sagte:

Aus dieser Gewissheit lebe ich:
Kein Tod und kein Leben,
keine Engel und keine Dämonen,
kein Jetzt, keine Zukunft,
kein Regime,
kein Raum über uns, kein Abgrund,
nichts und niemand ist imstande,
uns zu scheiden von der Liebe,
mit der Gott Ich-werde uns umringt
in dem Messias Jesus, unserem Herrn.
RÖMER 8,38–39

LEBEN AUS DEM GEIST

BETEN

1

Ist Gott unsagbar, unaussprechlich? Es gibt viel religiöse Geheimsprache und viel religiösen Jargon, der diesen Eindruck erweckt. Gott ist ein Mysterium – *wenn* es ihn gibt, dann jenseits aller Sprachen. Worte versagen, um seine Tiefe zu ergründen – man kann es nicht sagen, schweigen ist besser. Mystische Dichter aller Weltreligionen haben uns dies gelehrt. Das scheint mir ein herzensreines Empfinden und Denken zu sein: Wenn es Gott gibt, dann ist er größer als der Bereich unserer Sprache – und größer als unser Herz.

Und doch lässt sich viel über Gott sagen. Wer die Bibel zum Ausgangspunkt seines/ihres Redens über Gott nimmt, ist nicht um Worte verlegen. In den biblischen Erzählungen und Liedern ist Gott größer als Menschensprache und Menschenherz.

Aber wer er ist und nicht ist, wie er Gott ist und wo man ihm auf die Spur kommt, das wird in jenem Buch laut und offen ausgesprochen, und alle die gesellschaftlichen und politischen Folgen werden klipp und klar benannt. In Bildern und Gleichnissen – nicht in Definitionen. Definitionen schließen sich gegenseitig aus, Bilder und Gleichnisse umarmen sich. In der Bildersprache der Psalmen wird Gott in einem Atemzug Licht und Fels genannt – er ist schwer und leicht und weit wie das Licht, er ist beständig und treu wie ein Fels. In der gleichen »poetischen« Weise sprechen die biblischen Erzählungen über Gott als Freund und Vater, über seine Hände und seinen Schoß und sein Angesicht.

LEBEN AUS DEM GEIST

2

Lerne fragen, flehen, drängen, am Fenster klopfen. Lerne
beten. Verlange. Sei nicht matt, gelassen, vage, sei heftig,
bewegt, wachsam, anrührbar. Verlange leidenschaftlich
nach der Wirkung des Heiligen Geistes: Dass der Name
Gottes, der Befreiung und Liebe bedeutet, Wirklichkeit
werde in Menschen.

Lerne still sein, lerne nichts tun, lerne warten.
Das Geheimnis aller Starken war von jeher,
dass sie langer Tragezeiten harrten.

Verse der niederländischen Dichterin Henriëtte Roland
Holst (1869–1952). Mit »nichts tun« meint sie: Zügle deinen
»Tatendrang«, der oft von blindem Eifer, von unreifen besten Absichten und von Leistungssucht herrührt. Lerne,
nicht einzugreifen, nichts zu erzwingen, nichts zu forcieren.
Lerne, Menschen ihre Grobheit und Selbstsucht zu vergeben. Lerne zu warten, manchmal ist jemand plötzlich nicht
selbstsüchtig, sondern weit und lieb. Und lebe so, dass jemand nachts an deiner Tür und deinem Fenster anzuklop-
fen wagt.

Beten heißt: langer Tragezeiten zu harren. Die Vision lange
zu tragen und das Misslingen, die Schande, die Schuldenlast, die wiegt und wiegt, die Sünde die *mit*getragen, *fort*getragen werden soll, weg-gelebt.

3

Im Jahre 2115 wird die Erde mit einem gigantischen Asteroid zusammenprallen. So erklärte ein russischer Gelehrter

am 15. August 1987. Britische Astronomen haben die Bahn
berechnet, die ein vier Jahre zuvor entdeckter Asteroid nehmen wird. Nach diesen Berechnungen kreuzen sich die
Bahnen der Erde und dieses Asteroids im Jahre 2115. »Wenn
die Bahnen korrekt berechnet worden sind, so hat die
Menschheit zwei Alternativen, um sich zu retten«, meinte
der russische Gelehrte. »Wir müssen entweder die Bahn des
Asteroids ändern oder ihn im All sprengen.«

Gesetzt den Fall, es stimmt – sollten wir in den Jahren, die
uns noch verbleiben, aus Leibeskräften beten, beten und
den Sternen die Stirn bieten, dass Gott diese Kollision ver-
hüte? Er könnte es, so meinen manche; aber vielleicht hat er
die Erde satt oder hat er es im Anfang so gefügt, dass im
Jahre 2115 ... und so weiter. Der Gedanke, dass es einen solchen Gott, solch einen Eingreifer von außen gibt, lockt
mich nicht. Dennoch ist dieser Gedanke jahrhundertelang
gehegt worden und fast ohne Widerspruch geblieben. Der
Gedanke, dass wir dieses Ding im All sprengen oder seine
Bahn ändern könnten, lockt mich dagegen schon.

Derjenige, der in der biblischen Glaubensgeschichte »Gott«
genannt wird, ist kein Eingreifer – es kostet einige Jahre
deines Lebens, um dies einzusehen. Durch beharrliches Stu-
dieren und Erwägen der Schrift (»fasten und beten«) ist es
möglich, zur Einsicht zu gelangen, dass der Gott von Mose
und von Jesus ein anderer ist als der Gott der Philosophen,
nicht das »Höchste Wesen«, das in der Volksfrömmigkeit
heidnischer Herkunft als ein allmächtiger Lenker gefürchtet
und gepriesen wird.

Die Bibel spricht über einen Befreier-Schöpfer-Gott, der diese Erde den Menschen und die Menschen einander gegeben hat. Der nicht eingreift, keine Katastrophen veranlasst oder verhindert und hier auf Erden Menschen nicht hilft, tröstet, begeistert und begnadet *ohne Menschen*.

Es gibt in den Menschen »etwas wie eine Stimme«, »jemanden wie eine Stimme«, die sagt: »Seid frei, befreit einander, tötet nicht, lebt!« Wer diese Stimme in sich selbst hört und den Willen und gelegentlich sogar die Kraft spürt, so zu leben, der hört die Stimme jenes Befreier-Schöpfer-Gottes. Es ist Seine Stimme, die in dir spricht. Es ist Sein Wort, mit dem alles angefangen hat, das du in dir erkennst, es ist so tief in dir wie dein Lebensatem. Dieses Wort ist dir eingeschaffen, nenn sie dein Gewissen.

Und eben *jenes* Wort, dasselbe, ist die Seele und der Lebensatem der biblischen Glaubensgeschichte, der Tora von Mose und Jesus. In jenem Buch spricht die Stimme, die auch in dein Gewissen spricht. Und was deine Augen dort lesen können, das spricht jene Stimme in dir, in deinem Herzen, dort, wo du witterst und wählst und *weißt*, was dein Verstand vielleicht noch nicht weiß. Sie stimmen überein, dein Herz und jenes Buch. Beten heißt: Im Licht der Tora in dir selbst herabsteigen bis zu deinem Herzen, bis dort, wo du die Stimme deines Gewissens hörst.

4

Die Tora ist die Vision von Schöpfung und Befreiung: Diese Erde ein bewohnbarer Ort, eine Struktur der Gerechtigkeit, ein Klima der Liebe. Beten heißt: diese Vision vor

Augen zu nehmen und dein Tun und Lassen und deine
Triebfeder und Herzensverlangen an jener Vision zu prüfen.

In der biblischen Glaubensgeschichte, die viele und vielfäl-
tige Dokumente umfasst, ist ein Band mit Gebetstexten
aufgenommen worden, das Buch der Psalmen. Der erste
Psalm fängt, in freier Übertragung, wie folgt an:

Gut ist,
dass du nicht tust, was schlecht ist,
nicht hinter Schwindlern herläufst,
nicht mit Schuft und Schänder paktierst,
nicht mit den Schultern zuckst –
»Schuft und Schänder, ach,
so ist die Welt.«

Gut ist,
dass du gute Worte überdenkst und willst:
Hab den Nächsten lieb, der ist wie du,
dem Flüchtling, dem Armen schaffe Recht.
Präg sie in das Herz deines Verstandes,
diese Worte,
sprich sie vor dich hin.

Beten heißt: Gottes Tora vor Augen haben, dich auf diese
Lebensweisung besinnen. Man könnte auch übersetzen:
»die Worte kosten«, schmecken, sie *so* zu dir nehmen, dass
sie dich nähren; mit kleinen Zügen von einem Wasser trinken, das durstig macht. Oder auch »murmeln«: immer wieder die Worte hersagen, sie mit deinen Lippen bilden, sie
prüfen. Leise singen, um sie durch und durch kennenzuler-

nen. Lernen, alle Anspielungen des Wortes über die Liebe zu erfühlen, alle praktischen Konsequenzen jenes Wortes zu überblicken. Alle Nuancen belauschen, betrachten, erwägen, befragen, ergründen. Und zwar »Tag und Nacht«, wenn es schwarz ist, wenn es licht ist, wenn das Leben dir schwerfällt und wenn es wie von selbst geht. Du sollst dich nie von ihnen entfernen, bleibe auf dem Weg dieser Worte, bleibe bei deinem Befreier, wache und bete.

5

Nicht »Selbstentfaltung«, sondern »Sorge um andere« ist der Kern der biblischen Lebensweisung, Selbstentfaltung durch Sorge um andere. Und nicht »Himmel«, sondern »Erde« ist das biblische Schlüsselwort. Und nicht »mein Recht der freien Meinungsäußerung«, sondern »die Rechte jedes Menschen auf Respekt und Erbarmen«.

Es fordert lebenslange »geistige Übungen«, um an dieser Lehre festzuhalten. Dass alle Menschen Menschen sind, dass es keine geringeren Menschen gibt, die weniger bräuchten als du: Schon *dessen* gewahr werden und es zu bleiben fordert »geistliche Übung«. Dass du zu allen Menschen der Welt gehörst, von Gaza bis Urusgan. Und dass du zu Einzelnen im Besonderen gehörst, konkret und täglich, und dass du lernen musst, gleichzeitig fern und nah zu leben. Dass du mit deiner ganzen Leidenschaft für Gerechtigkeit vielleicht doch nur wenige Menschenleben retten kannst. Dass du in vielen Lebensbereichen nicht das vermagst, was du möchtest, weil du nur dieser Mensch bist, mit diesem einen Leben – *dies* akzeptieren zu lernen, ohne Bitterkeit, und dann glücklich zu sein, das fordert Übungen-im-Heiligen-Geiste, geistliche Übungen.

Wachen und beten: deine Kräfte sammeln, dein Herz und deinen Verstand reorganisieren, deine Augen immer wieder neu einstellen auf das Einzige, das nottut, das als Allererstes gesucht werden soll, »das Königreich Gottes und seine Gerechtigkeit« (Matthäus 6,33).

»Komm, Heiliger Geist der Einsicht und Tatkraft, des Unglaubens an das Schicksal! Komm, Geist des Widerstands, dass wir uns nie vor den Tatsachen beugen werden, wenn wir sie auch nicht ändern können, noch nicht.«

6

Menschen tun Merkwürdiges, um jenes Gebet in sich lebendig zu erhalten. Hungerstreik, vierzig Tage fasten. Aber auch Kerzen entzünden, als Zeichen, dass sie auf das Licht hoffen, auch auf ihr eigenes inneres Licht. Ihre Arme zum Himmel ausstrecken, weil sie nach der Vision trachten, oder sich flach auf die Erde legen, wie um diese geschundene Erde mit dem eigenen Leib zu schützen. Oder sie knien die Treppen einer Kathedrale hoch, weil sie die Geringsten im Königreich sein möchten, *wenn* es nur kommt. Liebe, die bis zum Äußersten geht.

Siebenmal um die Erde gehen,
und wenn es sein muss, auf Händen und Füßen,
siebenmal, um den Einen zu grüßen,
der da lachend und wartend stehen wird –
IDA GERHARDT

7

Beten heißt also nicht, um dieses und jenes zu bitten? Wozu auch, wenn Gott ja nicht eingreift? Nein, er greift nicht ein; aber er wirkt auf dich ein, wenn du dich auf seinen Heiligen Geist ausrichtest, deine Sinne auf seine Tora lenkst – seine Worte werden dich erneuern.

Und was das Bitten um dieses und jenes anbetrifft: Beten, dass du die Fahrprüfung bestehst oder dergleichen, das ist schon verwöhnte Quengelei. Aber bitten um die Genesung eines todkranken Kindes? Er greift nicht ein. Aber er wirkt auf uns ein – vielleicht läutert und erleuchtet ein solches Gebet uns, um ohne Hass und Groll mit dem so nahen Tod leben zu können.

Beten wird also nicht erhört? Wer um Heiligen Geist betet, der empfängt Heiligen Geist. Das Lebenslicht nicht hassen, nicht aus Rache das Glück anderer zerstören, nicht töten, das ist Heiliger Geist.

8

Er hört, sieht, weiß, so die biblische Glaubensgeschichte. »Möchte es doch so sein, dass du hörst« – »Vater, wenn es dein Wille ist ...« – die Wendungen der Hoffnung. Du weißt, dass Genesung nicht mehr möglich ist, aber bei Gott ist nichts unmöglich. Das ist der Zwiespalt, der Abgrund der Psalmen, aus diesen Tiefen wird gerufen.

Dieses Rufen ist unableitbar, es ist da, dürftiges Rufen, es ist wie eine Naturgewalt. Wer es nicht für sinnlos oder sogar psychotisch hält, wird das nicht einklagen können, leugnen immerhin lässt es sich nicht. In den Psalmen ertönt das Echo jenes Rufens. Was wird aus den Tiefen gerufen? Schreie, verworrene Rede, darin *ein* Wort, *eine* unbeweisbare Anrufung: du.

Die Bibel ist die Erzählung von einem Gott, der Freund ist. »Da aber redete Gott mit Mose von Angesicht zu Angesicht, wie ein Mensch mit einem anderen« (Exodus 33,11). Ein Gott, bei dem du mitten in der Nacht ans Fenster klopfen darfst, der Menschen aushält, der sie nicht wie Fliegen von sich schlägt. Ägyptische, babylonische, griechische und germanische Götter gestatten keinen solchen Umgang. Manche Menschen schon. In einem jüdischen, chassidischen Lied, aufgezeichnet von Martin Buber, wird der Raum dieses Verhältnisses ausgelotet:

Wo ich gehe – du!
Wo ich stehe – du!
Nur du, wieder du, immer du!
Du, du, du!
Ergeht's mir gut – du!
Wenn's weh mir tut – du!
Nur du, wieder du, immer du!
Du, du, du!
Himmel – du, Erde – du,
Oben – du, unten – du,
Wohin ich mich wende, an jedem Ende
Nur du, wieder du, immer du!
Du, du, du![4]

4 Martin Buber, Die Erzählungen der Chassidim © 1949, Manesse Verlag Zürich, in der Verlagsgruppe Random House GmbH.

WAS IST RELIGION?

1

Von dem, was »Religion« oder »religiös« sei, gibt es Dut-
zende von Beschreibungen, die meisten kennt man, alle
bringen es auf einen Stoß Bücher. Einige sind in leisem
Widerspruch mit einigen anderen, die meisten nuancieren
einander.
Klassisch sind die Beschreibungen von Karl Marx (1818–
1883) und Sigmund Freud (1856–1939). Sie werden bis heute
durch Worte und Verhaltensweisen, in Gruppen oder indi-
viduell, durch kirchliche *und* außerkirchliche, religiöse und
nicht-religiöse Menschen bestätigt.

Religion ist Entfremdung, ein »Reich in den Wolken« zum
Ausgleich für soziales Elend, so meinte Marx, der insbeson-
dere die christliche Religion seiner Tage vor Augen hatte.
Freud im ausklingenden Heiligen Römischen Reich der
Habsburger betrachtete das infantile Bedürfnis nach einem
Vater und seinem Schutz als die Quelle aller Religion, das
Bedürfniss nach Autorität, die Geborgenheit schenkt und
Schuldgefühle erweckt. Religion hält dich unerwachsen.

Carl Gustav Jung (1875–1961) empfiehlt uns, den Quellen
unserer tiefsten Sehnsüchte und Träume nachzuspüren und
unsere eigenen Mythen zu pflegen und sie in Poesie und Ri-
tualen zu gestalten, zum Wohlbefinden in unseren Beziehungen zu anderen Menschen – »Religion« sei unersetzlich
für die geistige Gesundheit unserer Gesellschaft. Die große
französische Schriftstellerin Marguerite Yourcenar nennt

Religion eine geheimnisvolle Verbundenheit mit den ältesten Träumen des Menschen und der Erde, ohne damit eine
nüchterne Erklärung der Tatsachen oder redliche Einsicht
in die Verhaltensweisen des Menschen abzulehnen.

Religion ist »der Antrieb zu einem Adlerflug ... zur Darstellung des Unbenennbaren«. Worte des letzten katholischen
Emanzipators in den Niederlanden, Anton van Duinkerken
(1903–1968): »Bisher ist keine Zivilisation groß gewesen,
ohne dass sie eindeutig mit einer Darstellung des Unbenennbaren verbunden war.«
Sinn für das Unendliche, Geschmack für das Absolute,
Gefühl für das Transzendente, das »Übersteigende«, das
Über-alles-Hinausgehende, so hatte Friedrich Schleier-
macher 150 Jahre zuvor die »Religion« genannt.

2

Religion ist Bekleidung, schützende Umgebung, bewohn-
bare Landschaft, Spielraum. Wer bedarf nicht des Spiels
und der Reflexion, welche das Selbstbewusstsein ausweiten,
die Todesangst entspannen? Wer vermag zu leben ohne Musik oder ohne die besänftigenden Umgangsformen der Ero-
tik, welche die Einsamkeit bannen, wenn auch nur für einen Augenblick? Und die Schönheit von Begräbnisritualen,
überall dort in der Welt, wo Menschen noch um ihre Toten
klagen und trauern können. Und die Kultur, das Ritual des
gemeinsamen Trinkens und Essens – die Hand aufhalten,
Brot brechen, aus *einem* Becher trinken.

Religion ist Kultus der letzten Fragen, Pflege und Feier der Hoffnung auf Unsterblichkeit, Erweiterung des Selbstbewusstseins, ist auch, primitiv oder verfeinert, Beschwörung der Angst. Religion ist Liturgie um den Tod, Riten um den Abgrund, eine musikalische Vision des Weiterlebens. Glänzend ist Religion. Kultur ist sie, Schönheit, Weisheit, Weihe, Empfänglichkeit für das Mysterium des Lebens selbst. Glänzende Systeme sind es, hier und in Übersee. Prächtig die römische Liturgie meiner Jugend. Auch wuchtig und prächtig, nicht ganz so leichtfüßig, die protestantische Religion. Und wer die Geschichte betrachtet, sieht Kathedralen, den Parthenon, die Pyramide des Cheops. Und überall umgeben gerade die Ärmsten der Erde ihre Toten mit großem Prunk und mit Zartheit und Hoffnung. Wer hat etwas gegen Religion?

In seinem Essay *Ist gar nichts heilig?* aus dem Jahr 1990 schreibt Salman Rushdie[5]: Es ist wichtig, dass wir begreifen, wie sehr wir alle das Bedürfnis empfinden, das die Religion durch die Jahrhunderte befriedigt hat. Das Bedürfnis nach einem Aufflug unseres Geistes.

3

Solange er schreiben konnte, hat Abel Herzberg geschrieben, dass er in den schrecklichsten Umständen Menschen erlebt hat, die bis zuletzt ihre innere Gegenkraft bewahrten. Die man zwar körperlich, aber nicht geistig brechen konnte. Die ihren ureigensten Besitz, ihr Gewissen und ihren Sinn

---

5 Auf Deutsch in: Salman Rushdie, Heimatländer der Phantasie, München 2004.

für Gut und Böse, nicht preisgaben. Er sah im Lager feiernde Ausgehungerte und Gefolterte, dankbar dafür dass sie, sie selbst, weggeführt worden waren aus der Sklaverei Ägyptens; dankbar, dass sie die Tora empfangen hatten, dass ihnen ein Land verheißen war und sie sich noch in ihrem tiefsten Elend ihrer menschlichen Würde bewusst waren.

Welche Fragen darf man allen Religionen der Welt, alten wie neuen, stellen? Diese: Ob sie die innere Gegenkraft in uns wachrufen oder auslöschen. Machen sie uns wehrhaft gegen jede Form des »ungebändigten Barbarismus«, oder verringern sie unseren Widerstand gegen Unrecht und Erniedrigung von Menschen? Lenken sie mein Verlangen auf ein »himmlisches Vaterland«, oder ermutigen sie *mich* höchstpersönlich, an einem besseren Leben hier auf Erden mitzuarbeiten?

4

In der westeuropäischen christlichen Tradition sind auch viele religiöse Fluchtmechanismen kultiviert worden, und in kirchlichen und außerkirchlichen Milieus wird ein finsteres Vergänglichkeitsbewusstsein gehegt, zudem Schwarzseherei und Philosophie der Schicksalsergebenheit. Diese Art Philosophie arbeitet den herrschenden Mächten – welche in der Bibel »Götter« genannt werden – in die Hände und liefert auch beredte Beiträge zum »Denken einer neuen Zeit« mit seinen esoterischen Theorien über Armut, Krieg und Hungersnot, über notwendige Lebenslehren innerhalb von Reinkarnationszyklen, am Beispiel sterbender Kinder in Somalia.

Marx ist aktuell in seiner Entlarvung dieser Schicksals- und Ergebenheitsreligion als Form der Versklavung und Unterdrückung: Religion in den Händen der Pharaonen, der alten und neuen Zaren, um »die Verworfenen der Erde« stillzuhalten – Religion als Opium.

Es gibt auch eine andere Religion: die des Protestes und des Widerstands, des Aufstands und des Auszugs. Religion als Gegenkultur und »innere Gegenkraft«.

In der jüdischen Bibel bilden die Zehn Worte die Grundsätze dieser Gegenkultur. Die Schlussredakteure der biblischen Großen Erzählung gingen hartnäckig realistisch davon aus, dass alle Menschen jene Worte über ein anständiges Leben auf Erden, über Menschenrecht und elementares Glück verstehen lernen können, in einem lebenslang andauernden Prozess der Gewissensbildung und der »Reform des Bewusstseins« (ein Wort von Marx aus dem Jahr 1843).

Im Lehrhaus »für eine bessere Welt« wird die Tora als eine Lebensweisung studiert, welche die Gefühle und Antriebe von Herz und Verstand zu ordnen versucht und die Beziehung zwischen Menschen in einer solchen Weise »ordnet«, dass die Würde jedes Menschen gegen Willkür und blinde Aggression in Schutz genommen wird.

5

»Heilig« ist eines der Schlüsselworte in der Sprache aller Religionen. Das Wort ist tief in unsere Alltagssprache eingedrungen, vom Heiligen Land bis zur heiligen Kuh, vom Heiligen Vater bis zum Heiligen Krieg.

In der Bibel wird eine hartnäckige »prophetische« Polemik geführt gegen alles, was die Menschen heilig erklären.

Heilig (unantastbar) sind nur die Rechte jedes Menschen auf eine menschenwürdige Existenz. Und heilig ist nur der Gott, in dessen Namen diese Rechte proklamiert worden sind. »Den Namen Gottes heiligen« heißt: Menschenrechte (insbesondere die Rechte der Schwächsten) erstreiten, festigen und erhalten. Heilig ist, »eine neue Erde, wo Gerechtigkeit wohnt« (2 Petrus 3,13) aufzubauen.

Wenn es stimmt, dass – wie der niederländische Schriftsteller Simon Vestdijk in dem von ihm herausgegebenen gelehrten Buch über die Zukunft der Religion[6] schrieb – das religiöse Streben ein Lechzen nach Einheit und Harmonie und Vereinigung mit »Gott« ist, dann lehrt die Religion der Bibel uns, wie wir von Tag zu Tag die Gemeinschaft mit nahen und fernen Nächsten suchen sollen und wie wir nur in Einheit und Harmonie mit Menschen die Vereinigung mit Gott erfahren können. Und wenn es stimmt – und dies stimmt – dass alle Religionen nach »Erleuchtung« streben, dann ist nach der Religion der Bibel Aufklärung der Unrecht-Struktur dieser Welt, Einsicht in die Not der Armen, der Anfang aller Erleuchtung.

---

6   Simon Vestdijk (ed.), De toekomst der religie, Arnhem 1947, 6. Aufl. Meulenhoff Editie, Amsterdam 1992.

Nachwort

Mystik ist Bildung einer inneren Kraft, einer Gegenkraft
gegen die absurde, harte, egoistische Lebenslehre des herrschenden Kapitalismus. »Eine Kraft, um deinen Widerstand
zu behaupten und an Gott festzuhalten?« Aber dann muss
klar sein, was oder wer »Gott« für uns ist. Liturgie und alle
Arten des Gebets sollen Übungen der inneren Gegenkraft
zur Solidarität sein. »Mystik« ist Heranwachsen im Bewusstsein, zu Menschen in Not gesandt worden zu sein.

NÄCHSTENLIEBE

1

*Mein Großvater Jesus hat die Tora, die Propheten und die
übrigen Schriften unserer Vorfahren eingehend studiert.
Nachdem er sich eine gründliche Kenntnis verschafft hatte,
fühlte er sich innerlich getrieben, ein eigenes Buch zur Förde-
rung von Erziehung und Weisheit zu schreiben. In der Hoffnung, dass, wer Freude am Lernen hat, mit Hilfe dieses Buches sein Leben noch besser an der Tora ausrichten könnte.*

So lautet der Prolog zum Buch der Weisheit nach Jesus Ben
Sira, auch Jesus Sirach genannt.

Jesus Sirach, so wissen wir dank seinem Enkel, war ein an-
gesehener Lehrmeister in Jerusalem – unter den Fittichen
des Tempels unterrichtete er im Lehrhaus. Es war um das
Jahr 180 vor unserer Zeitrechnung.
Er war einer der Träger der großen Erneuerungsbewegung
im Judentum, in welcher auch Jesus von Nazaret gebildet

wurde. Der lehrte die Gleichheit aller Menschen, betonte die Liebe zu Gott (vor der »Furcht Gottes«) – Liebe ungeachtet der Belohnung. Und das Gebot »Liebe deinen Nächsten, so wie du dich selbst liebst« übersetzte und interpretierte er als »Habe deinen Nächsten lieb, der ist wie du, deinesgleichen, gleich nichtig, gleich gut und nicht-gut« – wir alle sind »Fleisch und Blut«. Er machte diese Interpretation des uralten, im Buch Levitikus (19,18) Mose zugeschriebenen Gebots zum Herzen der jüdischen Religion (Markus 12,31; Matthäus 22,39; Lukas 10,27).

Diese Spiritualität, vom jüdischen Gelehrten David Flusser als Bewegung einer »neuen humanen Empfindsamkeit« gekennzeichnet, prägt auch die Tora-Auslegung des großen Rabbi Hillel. Hillel lebte von etwa 50 vor bis 10 nach »Christus«. Vielleicht war er einer der Schriftgelehrten, an die Jesus seine vielen Fragen stellte als er, zwölf Jahre alt, im Tempel zurückblieb.
Eine neue humane Empfindsamkeit für die Gleichberechtigung aller Menschen, eine Spiritualität, welche universelle Solidarität befürwortet, die Verständnis, Toleranz und Respekt für »Böse wie Gute« verlangt.

Fortan ist der Kern der Lebenslehre ganz Israels: die Liebe zum Nächsten. Und »Gott« ist die Stimme, die dazu kräftig anspornt.
In jenen Tagen der neuen humanen Empfindsamkeit wird das Ideal eines liebevollen Zusammenlebens aller Menschen formuliert – die unveräußerliche Utopie des Königreichs Gottes, durch Jesus von Nazaret gehegt und verkündet.

Es handelt sich hier um die älteste Spiritualität der westlichen Zivilisation. Einfühlsamkeit, Verständnis, Respekt, Solidarität zwischen Menschen, dies ist die Perspektive unserer Zivilisation. Dass du von anderen her zu denken lernst, insbesondere von denen her, die nichtig, bedroht, auf der Flucht, arm sind. Dass du diese Welt mit den Augen des Armen, des Flüchtlings, des Heimatlosen sehen lernst, für die diese Welt unsicher und bedrohend ist. Das ist Zivilisation.

2

Es könnte sein, dass die gängige christliche Religion – die dir vielleicht angelegt worden ist, so wie man Kindern ein Taufkleid anlegt – dich unempfindlich gemacht hat für die biblische Zukunftsvision, für jene »Utopie des Königreichs Gottes«, das ja die Quelle der katholischen und reformatorischen Glaubenserzählung ist. Vielleicht hat deine religiöse Erziehung die Idee und insbesondere das Gefühl in dir hinterlassen, dass Menschen »nur« Menschen sind, zu allem Bösen geneigt, kaum zu etwas Gutem imstande und gewiss nicht zu einer neuen Welt. Dieser Eine, Jesus, ja der, der war der Sohn Gottes, wir aber …

Aus der biblischen Tradition ist uns mehr überliefert worden, als was uns über die christlichen Religionen erreicht hat. Wir haben gehört von einem Gott, der Menschen nicht erniedrigt, sondern Raum gewährt, der ihre Lebenskraft erweckt, sie ermutigt und anfeuert. »Das Wort, das ich dir heute gebe, ist nicht zu hoch, du kannst es tun« (Deuteronomium 30,11–15). Diese Worte haben unser Denken für eine »neue Welt« geöffnet, und sie sind Worte, die »getan

werden können«. Getan werden? Das allermeiste liegt doch
außerhalb unseres Vermögens. Aber unsere religiösen Vor-
stellungen liegen nicht außerhalb unseres Vermögens.

Wer von seiner Glaubenserziehung den Gedanken zurückbehalten hat, dass diese Welt wegen der »Sündigkeit der
Menschen« nie zu einer neuen Welt umgeschaffen werden
kann, der kann einsehen lernen, dass dieser oft vorkom-
mende »Unglaube« wider die biblische Tradition der Hoffnung ist, und wider die »prophetische Gewissheit«, dass alle
Verhältnisse, in denen Menschen einander knechten und
entehren, umgestürzt werden können.
Unsere »Religion« zu ändern könnte zumindest darin beste-
hen: Dass wir uns der List bewusst werden, mit der uns die
geläufige Welt, die christliche Religion mit einbegriffen, als
die einzig denkbare und als die bestmögliche aufgeredet
wird. Bei Gott, von dem wir aus der Bibel gehört haben, ist
nichts unmöglich. Wir dürfen versuchen, das Wort »Gott«
von neuem biblisch zu füllen, indem wir es von Neuem verbinden, aufladen mit der Vision einer neuen Erde, auf der
Gerechtigkeit herrscht.

3
Im Jahre 1994 veröffentlichte das Sozial- und Kulturplanungsamt der Niederlande[7] das sogenannte »Säkularisie-
rungsdokument«, eine Umfrage, welche vorhersagte, dass

---

7 Das Sozial- und Kulturplanungsamt *(Sociaal Cultureel Planbureau)* ist ein
sozialwissenschaftliches, durch königlichen Erlass eingerichtetes Forschungsin-
stitut in den Niederlanden. Es berichtet an Regierung, Ministerien und Parla-
ment und steht formal unter der Verantwortung des Ministers für Gesundheit,
Soziales und Sport.

im Jahre 2019 nur noch 25 Prozent der Niederländer kirchlich sein werde. In diesem doch ziemliches Aufsehen erregenden Dokument wird nicht signalisiert, dass seit etwa einem halben Jahrhundert (seit den Vernichtungslagern mit ihren Gaskammern) eine nicht zu beziffernde Anzahl Christen zwar unkirchlich oder halb-außerkirchlich, sagen wir randkirchlich geworden ist, das heißt, sich von kirchlicher Autorität, gängiger Glaubenslehre und liturgischer Praxis abgewendet hat, dafür aber nicht Agnostiker oder Atheisten oder auf gut Deutsch »ungläubig« geworden sind. Es gibt Menschen, ich weiß nicht wie viele, aber ich begegne ihnen überall, die sich von jahrhundertelang gewachsener Kirchlichkeit gelöst haben, gerade um der Quelle ihrer Tradition näher zu kommen: den großen Büchern von Mose und den Propheten und den kleinen Büchern (Evangelien, Briefe und andere Texte), in denen von Jesus von Nazaret bezeugt wird, dass und wie er die jüdische, jedoch für alle Völker, für die ganze Welt bestimmte Lebensweisung von Mose und den Propheten gelehrt hat.

Sie haben eingesehen, dass die Hebräische Bibel und das Evangelium die westliche Kultur tief geprägt haben, dass insofern einer Gesellschaft wie der niederländischen »sittliche Prinzipien« zugrunde liegen, die dem ethischen Appell der Bibel entliehen sind. Und zugleich erkennen sie, dass sie über ihr geistiges Erbe schlecht oder gar nicht informiert sind. Dass sie die »Worte« nicht in ihrer ursprünglichen Bedeutung und Kraft verstehen können. Sie vermuten zwar etwas, wissen jedoch nicht, wie die Tora von Mose und Jesus ihrem Leben und dieser Welt insgesamt Richtung geben könnte.

Menschen, die sich in Kirchen nicht länger zu Hause fühlen, sollte es möglich sein, außerkirchliche Orte zu schaffen, wo die Bibel in *der* Weise gelesen und gelehrt wird, dass sie ihre Arbeit als große Sinngebungserzählung, als Lebensweisung und Aufruf zu »individueller und sozialer Erneuerung« fortsetzen kann – ohne die gängigen christlich-theologischen Interpretationen. An solchen Orten sollten wir, offener vielleicht als jemals in der Geschichte des Christentums, jüdische Lehrer zu Rate ziehen sowie die Tradition lebendigen jüdischen Glaubens, die bis heute – durch die Vernichtungslager mit ihren Gaskammern hindurch – gleich in unserer Nähe zu finden ist.

DER TROST DER LITURGIE

1

Seit dem Zweiten Vatikanischen Konzil (1962–1965) hat sich ein neuer Typus des katholischen Gottesdienstes entwickelt, in dem Menschen nicht zuallererst zusammenkommen, um einen Akt der Gottesverehrung zu leisten, sondern um einander den Dienst des Wortes, des befreienden und tröstenden Wortes zu erweisen. In einer solchen Zusammenkunft treten diejenigen, die auf irgendeine Weise »leiten«, nicht als Angehörige einer Hofhaltung auf, mit gefalteten Händen und gesenkten Augen. Sie sondern sich nicht in fremden Gewändern von den anderen ab, in Mimik, Handgriffen, Stimmführung und Gebetshaltungen, wie die Diener des Heiligen in jeder Religion sie sich aneignen müssen. Sondern alles, was getan wird, hat zum Ziel, dem Wort seine Aussagekraft zu verleihen, die Große Erzählung verstehbar zu machen. Und diejenigen, die gekommen sind, kommen nicht, um etwas »beizuwohnen«, sondern um zu »hören«, und werden diejenigen Umgangsformen an den Tag legen, die sie am besten zu Besinnung und Antwort befähigen.

2

Die jüdisch-christliche Bibel hat die westliche Kultur dermaßen tief geprägt, dass kein Sterblicher beschreiben könnte, wie diese Zivilisation ohne jene Wirkung ausgesehen hätte. Es zeigt sich jedoch immer wieder, dass viele, die von Hause aus »christlich« sind, nicht gut informiert sind über das geistige Erbe, das einen so durchdringenden Einfluss ausgeübt hat. Anstelle von Information benutzen viele unter uns emotionale Bilder, ein Gemenge aus falsch überlieferten Bibelworten und unverstandenen Lebensregeln, die Schuldgefühle, Aggression und »falsches Bewusstsein« hervorrufen und nähren und alles andere als orientierend und befreiend wirken. Neuorientierung auf die ursprünglichen Hintergründe und die Wurzeln der »christlichen« Bewegung ist lebensnotwendig, sage ich, der ich selbst in jene christlichen Bewegung hineingeboren und erzogen bin.

Wir sind inner- und außerkirchliche Gläubige, registrierte Kirchenmitglieder und Nie-Getaufte, Menschen aus römisch-katholischem oder reformatorischem Hause, beherrschen mehr oder weniger die Sprache Kanaans oder irgendein anderes religiöses Idiom; aber fast alle sind wir so beschränkt unterrichtet, dass wir kaum wissen, wie zu unseren Quellen durchzudringen. Wir werden beim Anfang anfangen müssen, um das, »was geschrieben steht«, in seiner ursprünglichen Bedeutung verstehen zu lernen und zu erfahren, dass es geschrieben wurde, »damit wir im Ausharren und mit dem Trost der Schriften an der Hoffnung festhalten«, wie uns der Verfasser des Briefes an die Römer (15,4) schreibt.

3

Wo und wie geschieht der Unterricht in der Schrift und damit der Aufbau einer Gemeinde? Während eines Gottesdienstes am Sonntag. Eine »kritische« Liturgie könnte der Anfang einer kritischen Gemeinde sein. Lesung und Auslegung der Heiligen Schrift, Lied und Gebet gehören von alters zum Kern jeder Liturgie. Der Umgang mit der messianischen Vision wurde immer von diesen Elementarformen der Liturgie getragen, Umgangsformen mit der Utopie von Gerechtigkeit und miteinander. In Jesu ersten Gemeinden wurde das Brechen des Brotes und das Trinken aus dem Becher zur Feier seines Namens und seinem »Gedächtnis«, zum Zeichen des gegenseitigen Erkennens und zum »Sakrament« der Vision: Feier der Eucharistie.

Wenn schon statistisch nachgewiesen ist, dass die meiste »Information« durch aktive Teilnahme zustande kommt, dass also Übung den Meister macht, dann ist das Brechen des Brotes und das Herumreichen des Bechers unter allen überlieferten liturgischen Riten der tiefsinnigste, unersetzlich im Prozess der Bewusstwerdung, den wir in unseren »Häusern der Zusammenkunft« erleben wollen. Kinder können es »fassen«: Wer hier in dieser Stunde seine Hand aufhält, Brot nimmt und isst, der sagt damit, dass er eine neue Welt will, in der es Brot und Freiheit für alle Menschen gibt. Wer aus diesem Becher trinkt, wählt einen neuen Bund mit allen Menschen.

Wo Liturgie fehlt, da zerfällt die Gemeinde: Ohne Bild und Gleichnis und Lied wird die gemeinsam geteilte Erkenntnis des Wortes der Schrift dürftig.

Wo das Lehrhaus fehlt – als selbständiges Projekt oder zumindest als Element im Gottesdienst –, da wird die Liturgie zu Schall und Weihrauch.

4

Liturgie ist Gedenken, Gedächtnis »unserer Geschichte, alle Gräuel und alle Liebe mit einbegriffen«. Eine Liturgie, in der die Gräuel zugedeckt, in Weihrauch vernebelt, mit Orgelmusik übertönt werden, ist ein Trip ins Leere. Ich erhoffe mir eine Liturgie, in der unser Bewusstsein für die Möglichkeiten einer (wie der Dichter Jan de Wit sagt) »menschenwürdigen irdischen Existenz« geöffnet wird.

Unsere Vorstellungsgabe ist vergiftet, unsere Fantasie auf höllische Bilder von Vernichtung eingestellt. Das geht manchmal so weit, dass Misserfolg, Tod und Vernichtung die einzigen Möglichkeiten sind, die wir uns vorstellen können und die wir uns denn auch fortwährend gierig, ja fast mit Wollust vor Augen führen, mit einem Feingespür für Fatalitäten, für die Dynamik des Immer-schlimmer. Es wäre gut, wenn wir unsere Fantasie reformieren, unser Bewusstsein im Ausdenken und Vorstellen neuer Lebensmöglichkeiten, Rettungspläne, Heilungsprozesse zu üben versuchten.

In Jesus haben die Evangelien den Prototyp eines Menschen skizziert, der auf neues Leben eingestellt ist. »Neu geboren

werden« ist in seiner Tora-Auslegung ein Schlüsselwort.
Eine Liturgie im Geiste Jesu ist eine Hebamme, die uns
zum Leben verhilft.

5

Die Kunst der Liturgie macht einen Versuch, das viel und
nachlässig verwendete Wort »Gott« von Missverständnissen
zu heilen und in Lied und Fürbitte, Schriftauslegung und
Feier der Eucharistie in einer solchen Weise auszusprechen
und zu gebrauchen, dass es die Kraft der biblischen Prophe-
tenvisionen und Psalmen zum Ausdruck bringt.

Wie lange noch wird das Recht verleugnet,
werden Schuft und Schänder begünstigt?
Schaffe Recht dem Geringsten, dem Waisen,
Armen, Beraubten, Erniedrigten.
Rette die gänzlich Wehrlosen,
lass sie entkommen
der Hand ihrer Schänder.

Sie wollen nichts wissen, nichts sehen,
im Dunklen gehen sie ihre Wege –
in den Grundfesten
wankt sie, die Erde.
PSALM 82

Die Stimme, die dies ruft gegen alle Höchsten Wesen, wird
in den Psalmen Gott genannt. Liturgie sollte ein Klangbo-
den für jene Stimme sein, ein Gottesdienst als Freistatt für
die Vision einer neuen Welt, wo Recht und Barmherzigkeit
geschaffen wird. Liturgie: die Vision, zum Ritual geläutert.

DAS BRECHEN DES BROTES

1

In unseren Kirchen und Kapellen steht ein Altar, eine Art
Tisch aus Stein, unverrückbar und monumental, meist auch
kostbar. An vielen Orten ist dieser Altar in den vergangenen
fünfzig Jahren durch einen einfachen Holztisch ersetzt worden oder er wurde nach vorn gesetzt, den Menschen näher.
Und manchmal sind die goldenen Kelche durch einfache
Krüge aus Ton für den Wein und durch Holzschüsseln oder
geflochtene Körbchen für das Brot ersetzt worden, das dem
Brot, das wir zu Hause auf den Tisch legen, möglichst ähnlich sein soll.

Um diesen Tisch tun wir verschiedene Dinge. Das Brot
wird gebrochen und ausgeteilt, weggegeben, Menschen treten nach vorne, mit geöffneten Händen, empfangen das
Brot und sagen »Amen«. Nur einige schlichte Gebärden.
Was wollen wir in diesem Ritual zum Ausdruck bringen?
Dass wir den Bibellesungen, der Großen Erzählung über alles-für-alle, die uns vorgelesen und bekanntgemacht worden
ist, zustimmen. Du setzt ein Zeichen, du machst mit: Glauben mit den Füßen, mit den Händen, mit dem Mund. Oder
du bleibst sitzen, wenn du noch nicht zu einer Antwort imstande bist oder dem, was du gehört hast, nicht zustimmen
kannst. Eine Geste der Zustimmung also: Wir alle erhalten
ein Stückchen vom selben Brot. So tief und so weit unsere
Zusammengehörigkeit reicht, so tief und bedeutungsvoll ist
jene Geste des Brotbrechens, die uns aus der Urzeit des
Christentums überliefert worden ist.

2

In einem Gedicht des niederländischen Dichters Jan Elburg (1919–1992) darüber, was »Leben« heißt, sagt er, Leben heißt

gegessen werden
um Mann zu sein, Frau zu sein
ja vor allem wieder neu Mensch zu sein
und sich selbst in Liebe zu sammeln.

Erst wenn du selbst »jemand« – Mann, Frau – geworden bist, kann dir bewusst werden, was du ja schon längst am eigenen Leibe erfahren hast: dass du von Gnaden des Lebensopfers anderer lebst. Dies Wort ist vielleicht zu schwer, zu dramatisch. Dass du von Gnaden und von der Arbeitskraft und von der Treue anderer lebst. Es ist die Treue, welche dieses Wunder eines Menschen, der Brot-, Leben-, Mensch-für-andere wird, beständig und dauerhaft macht. In dieser Treue findet der Mensch sein Glück und seinen Tod. Denn jeder Arbeitstag ist ein Teil von dir selbst, jedes Arbeitsjahr kostet dir ein Jahr deines Leibes. So zu leben heißt sich verbrauchen, altern, verbraucht werden, heißt langsam, aber sicher sterben. Du bist ausgesät in einem Stück Welt, das dir zugeteilt worden ist. Du bist wie Getreide gemäht, gedroschen, geschlagen, zermahlen, zu Brot gesammelt, um wieder neu Mensch zu sein, »um Mann zu sein, Frau zu sein«. So geht es, und es versteht sich von selbst. Das sterbende Weizenkorn ist das Bild des Menschen. Kein tragisches Bild, es ist keine kosmische Katastrophe, keine hinunterpurzelnde Sonne, sondern etwas unsichtbar Kleines. Es geschieht einfach so. Man spürt darin keinen Schmerz.

LEBEN AUS DEM GEIST

3

Im Evangelium ist das Weizenkorn Bild und Gleichnis für
Jesus von Nazaret, für diesen Menschen, der nicht für sich
selbst gelebt hat und nicht für sich selbst gestorben ist. Das
Evangelium nennt ihn Brot für das Leben der Welt und
weiß, dass er das Geheimnis des Lebens in einer vielsagen-
den Geste, die aus seiner eigenen Tradition stammt, dargestellt hat. Dass er das Brot gebrochen und gegeben hat, um
gegessen und so in Menschen Mensch zu werden. Brot brechen und miteinander teilen, die Hand aufhalten, diese
kleinen Gesten, immer die gleichen, das sind Gesten in seinem Sinn. Sie besagen, dass wir ihn in Erinnerung behalten, ihm nach-leben, ihm entgegenhoffen wollen. Dass wir
Heil sehen in dem Menschen, der er war, und in dem Gott,
den er seinen Vater nannte. Dass wir an Geben und Empfangen, an Zusammengehörigkeit und Solidarität glauben.

4

In Jesu Namen Brot brechen und austeilen heißt: dass du
eine Welt anstrebst, wo es Brot und Würde gibt für alle
Menschen. Aus seinem Becher trinken heißt: dich stark zu
machen für einen neuen Bund mit allen Menschen, jetzt
und in aller Zukunft, komme, was kommt. Ich fürchte,
dass viele Kirchenmenschen und Theologen keine Ahnung
mehr haben von dieser ursprünglichen Bedeutung von
Abendmahl und Eucharistie. Und dass viele zynisch anneh-
men: dass eine gerechte, neue Welt ohnehin nicht erreich-
bar, nicht »machbar« ist.

Sehr viel menschenwürdige Gesellschaft ist machbar – »du
kannst es vollbringen« ist ein biblisches Mantra: »Das Wort

ist ganz nah bei dir, es ist in deinem Mund und in deinem Herzen, du kannst es vollbringen« (Deuteronomium 30,14). So wie Musik »machbar« ist: Immer wieder gehen schwierige Partituren herrlich in Erfüllung. Abendmahl-Eucharistie ist die Feier einer möglichen Solidaritätsgesellschaft gegen die Marktgesellschaft. Wir hoffen gegen die Tatsachen und danken für alles Gute, das getan wird, zu jeder Stunde der Zeit, überall in dieser Welt.

5

Die Vision des Königreichs Gottes, dieser Großen Versöhnung, wird im Ritual von Brot und Becher dargestellt.
»Was ist Politik treiben?«, fragte ich Edward Schillebeeckx. Er antwortete: »Die Gesellschaft sanieren.« Und in seiner ganz eigenen Theologensprache erläuterte er: »Das Königreich Gottes impliziert eine sanierte [geheilte] Gesellschaft. Die Gesundmachung, die Heil-Werdung der menschlichen Gesellschaft und aller Beziehungen in ihr, das ist das Kommen des Königreichs Gottes. So installiert sich Gottes Herrschaft in unserer Welt.«
Ich fragte ihn: »Wo also Heil-Werdung geschieht, dort geschieht das Königreich Gottes?«
Seine Antwort: »Dort ist es nahe. Nahe, weil das Königreich Gottes immer dasjenige, was wir davon verwirklichen, übersteigt. Das ist seine Radikalität.«

»Politik treiben« ist herabsteigen, um zu befreien. Politisches Engagement fängt mit Entrüstung an: In allen Bezügen deines Lebens – an deinem Arbeitsplatz, in Familie und Verwandtschaft, in der Schule deiner Kinder, in deiner Stadt, deinem Viertel, angesichts der gegenwärtigen

Marktgesellschaft, in der zu Lasten der Wehrlosesten gespart wird, im Blick auf den aufkommenden Rassismus in den Medien und der Öffentlichkeit – in allen diesen Bezügen nicht ertragen können, dass auch nur *ein* einziger einfacher Mensch respektlos behandelt wird, beleidigt, schikaniert, vernachlässigt, versklavt, missbraucht wird –, schau dich nur um! Also nicht aushalten können, was tagtäglich um dich herum im großen oder kleineren Maßstab geschieht.

Politik treiben heißt diesen Mechanismus unterbrechen. Schlimmeres verhindern. Wiederherstellen, sanieren. Ist das möglich? Es ist möglich: »Du kannst es vollbringen.« So steht geschrieben. Und was geschrieben steht, ist gesehen worden.

6

Ist diese Art des religiösen Idealismus überholt? Soll ich fürchten, dass ich in einem Jargon festgefahren bin, dem »Gesülze« aus den 1970er–1980er Jahren: Partei ergreifen für die Unterdrückten, Gerechtigkeit, neue Welt. Ich fürchte das Pathos dieses Sprachgebrauchs nicht, der auf nuancierte Formen der Solidarität hindeutet. Ich fürchte eher, dass ich nicht festhalten werde, was mir in diesen Worten kundgetan ist.

Um durchzuhalten, brauche ich eine Ekklesia-mit-Lehrhaus, Lehrhaus und Liturgie: Besinnung, Studiengespräch *und* ein Ritual, eine vereinbarte, einfühlbare Geste, in der wir die Wahl für eine neue Welt ausdrücken.

Und wenn dies keine parteiische Wahl für die Millionen von Opfern des herrschenden Ich-und-Eigennutz-Systems ist, so ist es keine »Eucharistie« im Sinn der ältesten Tradition der Jesus-Bewegung.

7

Eucharistie feiern heißt Liebe feiern. Eucharistie bedeutet Danksagung, dankbar gedenken. Was ist das, dessen wir dankbar gedenken? Dass das Leben einen Sinn hat, das Leben mit all seinen Sorgen und Mühen. Dass Liebe-Freundschaft-Solidarität-Treue-Erbarmen der Sinn des Lebens ist. Und dass dieser Sinn unseres Lebens in Jesus von Nazaret sichtbar geworden ist. Die Gebete, die wir stammeln, flehen alle um Liebe, um Treue, Vergebung, Gnadenbrot; um eine Gesellschaft, in der Menschen ihr »Brot«, ihre Möglichkeiten und Vermögen, ihre Lebenschancen und Risiken miteinander teilen. Wo sie das Los so gut, so barmherzig wie möglich verteilen, nach jedes Menschen Belastbarkeit, damit es für niemanden zum Verhängnis wird. Das nenne ich Liebe. Wo Menschen sich von Gewalt abgewendet haben, wo sie nicht vor der alten, toten Welt von Geld-ist-Gott oder welchem Regime auch immer weichen. Wo wir einander schützen und zum Leben helfen, dort werden wir zum »Leib von Jesus Messias« – zu seiner ausstrahlenden Kraft, seinem Wirken in dieser Welt, Anfang einer neuen Welt.

Diese Berufung *und* dass es *möglich* ist: Das feiern, erinnern und hoffen wir, dankbar und mit Demut, im Ritual von Brot und Becher.

DAS SAKRAMENT DER TAUFE

1

Was ist taufen? Warum tun wir das? Manche Leute, die katholisch oder protestantisch erzogen worden sind, leiden gelegentlich noch unter der Idee, dass ein Kind durch die Taufe »Kind Gottes« *werden* soll. Dann wären ungetaufte Kinder also geringere Menschen. Dann *muss* also getauft werden, getauft heißt dann so viel wie gerettet. Gerettet wovor? Vor der Erbsünde, dem schwarzen Fleck. Haben diese uns vererbten Worte noch eine erlebbare Bedeutung? Ich *meine*: Wenn es Gott gibt, dann sind alle Kinder, die geboren werden, *seine* Kinder, getauft oder nicht. Und jener schwarze Fleck?

Wenn man als Katholik vor siebzig, sechzig, auch fünfzig Jahren ein Kind bekam, dann eilte man als Vater schon am Tag nach der Geburt in die Kirche, um seinen Schatz taufen zu lassen; die Mutter blieb im Wochenbett. Wozu diese Eile? Weil dein Kind nun einmal mit einer schwarz befleckten Seele geboren war, und um Kind Gottes zu werden und in den Himmel gelangen zu können, musste jener Fleck abgewaschen werden, dazu war das Sakrament der Taufe da. Und weil einem so kleinen und wehrlosen Wesen allerhand zustoßen konnte, war Eile geboten. Selbstverständlich wurden auch Protestanten mit der Erbsünde geboren, aber sie gingen anders damit um als die Katholiken – um eine lange, schwierige Geschichte kurz zu machen.

Unter der Autorität des Kirchenvater-Bischofs Augustin (354–430) wurde die Erbsünde zum offiziellen kirchlichen Lehrsatz – und was einmal offizielle kirchliche Lehre ist, hält lange. In der Bibel, so wissen wir, kommt das Wort »Erbsünde« nicht vor. Und die Idee hinter diesem Wort passt auch gar nicht zu einem der wichtigsten biblischen Themen: der einmaligen Würde des Menschen auf Erden – so wie sie in Psalm 139 besungen wird: »Ich preise dich, dass ich so herrlich, so wunderbar geschaffen bin, kunstvoll gewirkt in den Tiefen der Erde.«

Wir hier und viele Menschen in der ganzen Welt halten es nicht mehr mit schwarz befleckten Kinderseelen – und haben es auch nicht so eilig, damit die Mütter dabei sein können. Aber was bedeutet es denn heute, wenn man seine Kinder taufen lässt?

2

Taufen ist willkommen heißen, Geburt feiern. Dass unsere Kinder im Buch des Lebens geschrieben stehen (Offenbarung 3,5), in Gottes Hand geschrieben (Jesaja 49,16), das feiern wir.

»Du bist mein Gott seit dem Mutterschoß« (Psalm 22,11), »Du hast mich im Schoß meiner Mutter gewoben« (Psalm 139,13), so wird in den biblischen Liedern, die wir Psalmen nennen, gesungen. Wer ist es, der in den Psalmen angerufen wird? Es ist der Gott, der *uns* gerufen hat, »Mensch, wo bist du!« Es ist die Stimme, die ruft: Ich habe das Wimmern der Hoffnungslosen gehört. Gesehen und gehört habe ich das Unheil des Flüchtlings, des Ausgestoßenen, des Armen – darum sende ich dich und dich um zu befreien, wen immer du *kannst* – jene Stimme aus lichterlohem Feuer, die uns ermutigt und aufrichtet, die uns kundtut, dass wir sein Wort vollbringen können: Solidarität, Erbarmen mit unseren nächsten Fremden. Und die uns beseelt, weiterhin auf eine Welt ohne verzweifeltes Weinen zu hoffen.

Ihr, die ihr eure Kinder taufen lasst, ihr wisst, dass ihr eine große Aufgabe auf euch nehmt: ihnen zu erklären und vorzuleben, dass diese Welt von Geld und Gewalt nicht die einzig denkbare ist. Ihr werdet stark und hoffnungsvoll sein müssen, um eure Kinder davon zu überzeugen, dass eine neue Welt kommen *kann* – dass beim Gott von »Gesehen und gehört habe ich«, bei diesem Einen von »Tue Recht« und »Habt einander lieb« nichts unmöglich ist.

Wir verdanken diese Worte, den Namen dieses Gottes und die Vision einer neuen Erde Jesus von Nazaret, der seine jüdische Tradition weitergereicht hat, der uns Anteil an seiner Tradition der Hoffnung gegeben hat und der uns »»Dein Königreich komme« und »Sende uns deinen Geist« beten gelehrt hat.

3

Wir taufen unsere Kinder im Bewusstsein einer schrecklichen Welt und in Erwartung einer neuen Welt. Die Taufe ist ein Ritual der demütigen Hoffnung, ein Sakrament, ein Sprachzeichen, in dem wir einander aufrichten, in die Höhe singen, nicht triumphierend, sondern demütig.
Taufen ist ein Bittgebet: Möge du in Gottes Namen leben.
So wie Eucharistie ein Bittgebet ist: Möge es Brot und Ge-

rechtigkeit, Glück und Liebe geben für jedes geborene Menschenkind.

4

Vladimir Nabokov (1899–1977), der große russisch-amerikanische Schriftsteller, erzählt in seinem Buch *Erinnerung, sprich*[8], wie er als kleines Kind im Garten des Landsitzes zwischen seinen Eltern lief: »Zwischen ihnen, die gleichmäßig ausschritten, stolzierte ich, trippelte und stolzierte von Sonnenfleck zu Sonnenfleck«.

Was wolltest du noch sonst als zwei Hände, die dich von Sonnenfleck zu Sonnenfleck festhalten? Vielen anderen ist es wie Nabokov ergangen: Du bist »ich« geworden im Lichtkreis traulicher Worte, in der Sicherheit des »wir«, von Sonnenfleck zu Sonnenfleck festgehalten, durch Schattenstriche hindurch. Andere, frühere Menschen machen dich zum »ich«, indem sie dich ansehen, berühren, ansprechen. Wärst du nie »in Berührung gekommen«, so wärst du ein Kaktus geworden. Hätte niemand dich angesehen, du wärst eine blinde Mauer geworden. Es gibt Menschen, die wie Kaktusse und blinde Mauern sind. Sie sind nicht in der Sicherheit des »wir«, im Lichtkreis traulicher Worte, sondern in der Unsicherheit des »man« und »sie« aufgewachsen. Sie sind durch Menschen mit Masken eingeschüchtert worden, sie wurden nicht festgehalten, sondern sich selbst überlassen, als sie noch nicht sie selbst waren. Sie sind böse gemacht und für ihre Bosheit bestraft

8 *Speak Memory: an Autobiography revisited,* amerikanische Ausgabe 1966, deutsche Ausgabe 1984.

worden. Bange und böse trauen sie niemandem mehr. Möge
das euren Kindern erspart bleiben.

5

Wir machen unsere Kinder. Wir erzeugen sie. Aber dann
werden sie geboren – und dann sind sie nicht mehr gemacht. »Geboren, nicht gemacht«, so wie über Jesus von
Nazaret gesungen wird.[9] Dann sind sie empfangen, über
uns hinaus geboren, uns anvertraut. Dann fängt ein neues
Leben von prekärem Glück an – ich hätte auch ohne dich
glücklich leben können, aber jetzt nicht mehr.

6

Nun lasst uns taufen und rufen seinen Namen: Jorge
Mario.
Jorge Mario Bergoglio,
ich taufe dich
im Namen Gottes »Ich werde da sein«,
im Namen Jesu – »Habt einander lieb«,
in der Kraft des Geistes, der dir helfen wird,
das Angesicht dieser Erde zu erneuern.
Möge es so sein, fürchte dich nicht, komme, was kommt.
Empfang dieses Licht und geh in Frieden.

9 Im Glaubensbekenntnis von Nikaia: *genitum non factum,* »gezeugt, nicht
geschaffen«, wörtlich: geboren, nicht gemacht.

SCHULD UND VERGEBUNG

1

Erwachsene Menschen haben Kenntnis vom Bösen, haben
ein Verhältnis zu und die nötige Erfahrung mit der finste-
ren Seite der anderen. Sie kennen die Kettenreaktion des
Missverständnisses und den sicheren Mechanismus des Immer-schlimmer. Im Kleinen eine zerrüttete Ehe, meist mit
unglücklichen Kindern. Und im Großen wird im Jahre 1918
durch einen vernichtenden Friedensvertrag ein ganzes Volk
in eine erbitterte Isolation getrieben, aus der nur neue Gewalt geboren werden kann; zwanzig Jahre später ist es so
weit, und heute noch leidet jenes Volk unter der immensen
Schuld, eine maßlose Lücke von Millionen Menschen.

So wie es im kleineren Kreis unseres Lebens geht, so geht es
auch im Großen in der Geschichte eines Volkes, der ganzen
Menschheit: Den Moment, in dem Schuld entsteht, kann
man nie im Voraus bestimmen. Erst wenn man zurück-
blickt, sieht man Schuld, sieht man erklärbare menschlichen Mängel und an sich vielleicht unschuldige Ereignisse,
die zu unerklärbaren Verbrechen ausgewachsen sind.
Wann setzt Schuld ein? Wo und wann setzt Schuld ein in
einem Menschen, der sich in ein Vernichtungssystem wie
das nationalsozialistische mitnehmen lässt?
Darauf gibt es keine Antwort; der Ursprung verliert sich in
Nebeln. Und ebenso komplex ist jener Wachstumsprozess
von Verbrechen und Schuld selbst: persönlicher Frust
zahlloser, vielleicht netter und wohlwollender Menschen,
die unter dem Druck der verschiedensten sozialen Faktoren

LEBEN AUS DEM GEIST

aufeinander einwirken und sich verflechten und dann zu einer Macht werden, zu einem Schicksal für wieder andere Menschen, die dann ihrerseits ... und so weiter.

Manchmal erkennt ein Mensch sich selbst im Verbrechen und in der Schuld anderer und erlebt seine eigene angeborene Ohnmacht oder unbewusst gehegte Mängel als den möglichen Beginn einer solchen moralischen Zerrüttung. *Das* erkennen wir, dass es *so* gehen kann. Was steckt in mir, was könnte ich in der Existenz anderer anrichten? Gelegentlich sehen wir die Schuld vorher, die wir uns aufbürden könnten, und dann ist es eine Quelle der Angst. Wir alle kennen die Scham darüber, was in den Menschen steckt.

2

Die unentrinnbare Verbundenheit aller Menschen im Bösen, diese bittere Erfahrung, ist im biblischen Mythos vom Sündenfall dargestellt. Jene allbekannte und vom Christentum oft falsch verstandene Erzählung will *keine* Erklärung für die rätselhafte Herkunft des Bösen bieten, sie will nicht erzählen, *wie* es alles *damals* vor langer Zeit geschah. Im Bilde Adams, der in der Sprache der Bibel der Mensch-von-allen-Zeiten ist, Jedermann, schauen wir vor allem was heute unerklärbar, aber wirklich geschieht. Dem Menschen, aus dem Staub der Erde modelliert, diesem Menschen wird die Freiheit verliehen, er gibt seiner Welt Namen. Ihm wird ein anderer Mensch geschenkt, es gibt Liebe und Erkennen, und dann, *in* diesem Zusammenleben, geschieht das Böse. Nicht auf göttliches Geheiß kommt das Böse in die Welt, wie in den Mythen des alten Orient und in den griechischen Tragödien, nicht Gott ist der Schuldige, sondern der

Mensch selbst. Das Böse geschieht durch Menschen an Menschen, Menschen reißen einander mit und sind gemeinsam verantwortlich. »Erbsünde« ist zum Wort für diese Verbundenheit-zum-Bösen geworden. »Erbsünde« sagen wir, nicht um damit das Böse in uns selbst zu einer Frage biologischer Erblichkeit wegzuerklären, sondern um anzudeuten, dass jeder von uns seinen Platz in diesem Geschehen hat, dass wir alle »schmutzige Hände« haben.

»Es gibt keine Gerechten«, sagt Albert Camus, »es gibt nur Menschen, die mehr oder weniger arm an Gerechtigkeit sind. Der schlimmste Verbrecher und der integerste Richter stehen Schulter an Schulter, beide gleich elend und darin solidarisch.« Einer der Zeugen des Auschwitz-Prozesses hat dem schwierigen Begriff »Erbsünde« ganz konkreten Inhalt verliehen, als er sagte: »Ich bitte nur, daran erinnern zu dürfen, wie viele Zuschauer entlang den Gehsteigen standen, als wir aus unseren Wohnungen vertrieben und in Viehwagen geladen wurden.« »Wer unter euch ohne Sünde ist, werfe als Erster einen Stein«, so steht es im Evangelium (Johannes 8,7). Und Paulus, auf seine grimmige und radikale Weise, sagt im Römerbrief: »damit jeder Mund gestopft werde und alle Welt schuldig sei« (Römerbrief 3,19).

3

Alle Welt. Das klingt schonungslos, und die eiserne Konsequenz entgeht uns nicht: Dort stehen wir nun alle, in der Kälte, in der Wüste. Viele Menschen in der Geschichte des Christentums sind an diesem Gedanken zugrunde gegangen, und es liegt auch auf der Hand, dass Menschen sich dadurch bis in jede Faser ihrer Existenz hinein angetastet, fremdbestimmt und gelähmt fühlen. Was soll nun irgendeiner, arglos geboren und einfach zugange mit seinem Leben, damit anfangen: »Die ganze Welt ist schuldig«?

Ich vermute, dass die Antwort uns *vor*gelebt wird, vielleicht in ebenso vielen Menschen, wie die Schuld der Welt und die Macht des Bösen auf uns zukommt. Die Antwort ist, dass es Menschen gibt, die, irgendwo dort in »aller Welt«, einfach damit anfangen, für einen anderen, für mehrere andere, für einen Zusammenhang des Lebens einzustehen. Es gibt Menschen, die einen Anfang machen, wo ihr ganzes Umfeld noch gelähmt ist, die eine tödliche Stille durchbrechen, die aufstehen, wo andere machtlos dasitzen. Menschen, auf die Verlass ist, die Antwort geben, verstehen, Kraft ausstrahlen, die mit ihren schmutzigen Händen dennoch Gutes tun. Es gibt Menschen, die sich dort in der Kälte, in jener Schuld, in der Wüste hinstellen und meinen, dass sie nicht das Recht haben, sich zu distanzieren und Schuld abzuschieben. Gelegentlich begegnest du solchen Menschen. Sie sagen wahrscheinlich nicht: Dies ist alles meine Schuld – dazu ist die Lage zu kompliziert. Sie sagen »Ich gehöre hierhin«, sie nehmen die Lage zum Ausgangspunkt, sie sehen, dass *dort* ihre Verantwortung anfängt.

4

Der Moment, in dem diese Einsicht sich in einem Menschen bildet und er diese Wahl trifft, ist ein Moment der Berufung. So als ob er eine Stimme vernähme, die ihn zu verantwortungsvollem Menschsein ruft, und er in sich die Kraft erfährt, Antwort zu geben.

Und von dem Augenblick an, wo er auf diese Weise wählt, stößt er erst recht auf die Macht des Bösen. Dann erst erfährt er ganz und gar, wie bleischwer und belastet die Welt, wie festgefahren die Lage ist. Es wird ein aussichtsloser Kampf; tatsächlich steht er in der Wüste, von wilden Tieren, Ängsten und Anfechtungen von Fatalismus und Zweifel umgeben; hin und her gerissen zwischen Was-nützt-es und Worauf-lasse-ich-mich-ein, was bleibt von all dem, es ist eine Illusion. Je nachdem, wie tief ein Mensch in diese Welt eingeht und wie intensiv er sich in das Los anderer verstricken lässt, wird er umso heftiger angefochten und geprüft. Wer nicht glaubt, der kennt den Glaubenszweifel nicht. Wer an Gott, an Menschen glaubt, der wird in Zweifel und Unsicherheit gestürzt. Wer einen anderen Menschen mit all seinem Elend auf seinen Schultern trägt, wird versucht zu denken: Es ist sinnlos, ich werfe ihn ab. Es gibt Menschen, die einen solchen anderen nicht abschütteln und sich nicht von ihm distanzieren. Die sagen: Deine Schuld, deine Schattenseite *gibt* es zwar, dieses Böse in dir, aber mir ist es *egal*, dass du so bist, ich akzeptiere dich, ich vergebe dir. Und solche Menschen sind oft konkret und so sehr unter uns, wie Eltern, die Kinder haben, wie Mann und Frau im Zusammenleben in guten *und* in bösen Tagen. Es gibt Juden, die das Lager überlebt haben, die alles und alle verloren haben und die, ohne Naivität und ohne etwas beschönigen zu wollen, *dennoch* nicht hassen. Die zu selbstloser Treue zu dieser Welt geläutert sind.

Wo diese Kraft, die wir Vergebung nennen, sichtbar wird, dort ist die Fatalität des Bösen gebrochen und wird die Welt gerechtfertigt. Solche Menschen sind größer als die Sünde. Sie lösen die Schuldfrage nicht, sie leben sie weg. Sie sind es, welche die Sünden dieser Welt forttragen.

5

Mitten in der Geschichte, in Jahren wie den unseren und
an nachweisbaren Orten in unserer Welt, hat es Menschen
gegeben, die nicht am Unrechtsmechanismus, in den sie hi-
neingezogen waren, zugrunde gehen wollten. Menschen, in
Ungerechtigkeit hineingeboren, mit allem Bösen infiziert
und erblich belastet; aber sie wussten, dass sie diese Last,
diesen Grabstein, wegwälzen mussten und dass sie nicht zur
Vergangenheit verdammt waren. Sie glaubten, dass ihre
Liebe stärker sein würde als der Tod. An nachweisbaren Orten in dieser Welt oder auch ungesehen und unbeweisbar
haben sie jenes neue Leben gelebt, es waren und sind zwei
oder drei oder mehr, Menschen voll Heiligem Geist: Sie
durchbrechen jenen besessenen Zusammenhang düsterer
Ursachen und noch düsterer Wirkungen, jene Kettenreaktion. In der Bibel heißt das: »das Angesicht der Erde erneuern«.

Das Evangelium hat sie in einem Menschen dargestellt und
vergrößert, der Dämonen entgegentritt und ihr Schreien
zum Schweigen bringt und der sich nicht vor ihrem Regime
beugt: Jesus von Nazaret, getauft mit dem Heiligen Geist.
In ihm sehen wir, wie in einem klaren Spiegel, wozu wir bestimmt worden sind in jenem unergründlichen Zusammenhang, den wir »Geschichte« nennen.

AUS EIGENER KRAFT

Viele Menschen halten nichts von sich selbst. Sie glauben,
sie seien reizlos, hässlich sogar, aber auch schlecht. Warum?
Wollen sie sexuell dies und jenes, was nicht erlaubt oder

nicht möglich ist? Sind sie neidisch, rachsüchtig? Oder ist es die Angst, zu versagen? Wie kommen sie dazu, sich selbst zu hassen? Genießen sie es heimlich? Sie wissen es selbst nicht.

Das Leben ist kurz und schwierig, umso schwieriger, je länger es dauert. Was soll alles? Rosen welken, du fühlst dich wehmütig, du weißt nicht wohin. Je nach unserer Natur (was immer dies sein mag) fallen solche Gefühle schwerer oder leichter aus.

Christlich erzogene Menschen empfinden Gefühle des Nicht-erfüllt-seins, der Einsamkeit und der menschlichen Beschränktheit nicht selten als einen Fluch oder eine Strafe: Da hast du's, deinen verdienten Lohn. Sie wissen nicht genau, wie es zugeht, aber ihr »Empfinden« kann sich auf den allerchristlichsten, unbiblischen Lehrsatz der »Erbsünde« stützen: In jedem Menschenleben wirkt dieser fatale Moment, der »Sündenfall« genannt wird und der mit unserer Geburt, ja sogar mit unserer Empfängnis im Mutterschoß zusammenfällt.

Dies ist »uneigentliches Sündenbewusstsein«, dem vergleichbar, was Marx »falsches Bewusstsein« nannte. Eine Art Lähmung, etwa so, wie es Menschen zustößt, die von einer Schlange paralysiert werden. In der späteren jüdischen Tradition bis zur Zeit Jesu wird die »Paradiesschlange« Satan, »Ankläger«, genannt. Er beschuldigt Menschen so erbarmungslos, dass sie an sich selbst verzweifeln und jede Selbstachtung verlieren. Und so werden sie zu dem, was sie fürchten: zu nichts.

Es ist nicht schwierig, auf dieses falsche Bewusstsein einzu-
wirken. Und das wird auch mit großer Erfindungsgabe von
denen unternommen, die diese Welt so erhalten wollen, wie
sie ist: reich-arm, Herr-Knecht, Dame-Dirne, Christ-Jude,
weiß-schwarz. Alle, die von Unrechtsverhältnissen profitie-
ren, wissen, dass Selbsthass und Minderwertigkeitsgefühle
Menschen davon abhalten, selbst den geringsten Versuch zu
Befreiung, Schicksalsbesserung, Revolution zu wagen.
Die Schwerkraft, die menschliche Unzulänglichkeit. Der
gefallene Mensch. Dein Leben ein Debakel? Am Ende seines Lebens singt Mose, hundertzwanzig Jahre alt, »sein
Auge nicht verfinstert, seine Kraft ungebrochen« ein Ab-
schiedslied (Deuteronomium 32). Darin vergleicht er den
Gott, in dessen Namen zertretene Sklaven aufgestanden
sind und sich befreit haben, mit einem Adler, der seine Brut
zum Flug aufstört.

Gott? Der mich trug auf Adlers Flügeln, der mich hat geworfen in die Weite und als ich kreischend fiel, mich aufge-
fangen mit den Schwingen und wieder hoch mich warf, bis
das ich fliegen konnte aus eigener Kraft.

LEBEN GEGEN DEN TOD

1

Wie nett ist das Leben? Nett ist nicht das richtige Wort.
Manchmal haben wir eine nette Zeit, gelegentlich sogar
eine herrliche Zeit, aber nur wenig Menschen begnügen sich
mit einem netten Leben. Das wäre zu wenig Erfüllung. Unser Leben kennt viele Zeiten – bekannt ist das Lied des

biblischen Predigers, Kohelet 3,1–8, welches Ende der 1960er-Jahre von *The Birds* in ihrem Song *Turn! Turn! Turn!* nachgesungen wurde: »Zeit zum Suchen und Zeit zum Verlieren – Zeit zum Einreißen und Zeit zum Aufbauen – Zeit, sich zu umarmen, und Zeit, sich aus der Umarmung zu lösen«. Für viele Menschen sind es jeweils isolierte Zeiten, nach denen sie entweder mit fruchtlosem Heimweh zurückverlangen oder auf die sie mit Bedauern und Groll zurückschauen. Manchen gelingt es, alle diese Zeiten als *ein einziges* Leben anzunehmen, um sie zu diesem einen, meinem höchsteigenen Leben zusammenwachsen zu lassen – das ist eine große Lebenskunst, oder nenne es große Gnade.

Leben ist schwierig und mühevoll, weil der Tod so ein allmächtiges Höchstes Wesen ist. Der Schnitter mit der Sense, die zierliche Schicksalsgöttin, nimmt Kinder, trennt Geliebte, gewinnt jeden Krieg. Diesem Tod in all seinen Gestalten zu widerstehen, diesen Tod mit all seinen Geschwadern zu vertreiben, die Wunden zu heilen, die er dir schlägt, die Angst so zu beschwören, dass sie dich nicht verrückt macht – Wüste durchqueren, Wasser aus dem Felsen schlagen: Damit verstreicht dein Leben. Dem Tod das letzte Wort absprechen, das ist Leben. Das ist der Sinn deines Lebens.

2

Es gibt eine Zeit zum Sterben. Und jeder Mensch hat das unveräußerliche Recht, zu bestimmen, wann diese Zeit, dieser Augenblick gekommen ist. Recht auf Selbstbestimmung. Jeder Mensch: Du – kein einziger anderer Mensch hat das

Recht zu bestimmen, dass deine Zeit gekommen sei.
Niemand darf dich töten. Niemand darf mich töten. Darf
ich aber mich selbst töten?
In der Bibel steht nirgends, dass Gott einem verböte, sich
selbst zu töten. Aber Selbsttötung ist nicht im Geiste jener
Erzählung – Saul wird als ein Verworfener dargestellt, der
Geist des »Ich werde da sein«, JHWH, ist nicht auf ihm,
wenn er sich in sein Schwert stürzt (1 Samuel 31,4).

In der christlichen Tradition wird hart über Selbstmörder
geurteilt, sie wurden in der Verdammtenecke des Friedhofs
begraben. Das gibt es nicht mehr. Auch sehr traditionell im
kirchlichen Glauben verwurzelte Christen haben gelernt,
nicht zu urteilen und vor dem unergründlichen und doch
fast immer einfühlbaren Geheimnis zurückzuscheuen: dass
Menschen, alt oder jung oder im mittleren Alter, nicht
mehr weiterwollen, der Kelch ist zu bitter.

Sollte ich meinen Geist nicht in Seine Hände befehlen,
wenn ich nach beständiger Erfahrung und Überlegung
weiß, zu wissen meine, dass ich das Leben nicht mehr ertragen kann? Darf ich es zurückgeben dem Gott, der es mir
gegeben hat, und der »auch wenn unser Herz uns anklagt«,
wie geschrieben steht, »größer ist als unser Herz« (1 Johannes 3,20)?

Der Groninger Künstler Hendrik Werkman, im Frühjahr
1945 durch SS-Leute ermordet, malte eine Serie von zwanzig
Bildern zu Martin Bubers Erzählungen der Chassidim. Das
letzte Bild der Serie zeigt eine Figur in Dunkelblau, in der
vagen Kontur einer Tür; ihr gegenüber steht eine weiße

Lichtgestalt. Werkman nennt diese Lichtgestalt »den Engel des letzten Trostes«. Sende mir den Engel des letzten Trostes, die Augen *eines* Menschen. Versage mir nicht *einen* Menschen, der sagt: Hier bin ich.

3

Christen, ob im traditionellen kirchlichen Glauben verwurzelt oder freisinnig glaubend, alle, die sich an der großen biblischen Erzählung orientieren, vertrauen sich »unbewiesenen Worten« an. Für uns alle gilt: »Gelesen habe ich, was geschrieben steht, mich unbewiesenen Worten anvertraut: Du überlässt meine Seele nicht dem Totenreich, nicht für den Abgrund hast du uns geschaffen« (vgl. Psalm 16,10) Geschrieben steht dein Name: »Ich werde da sein.« Das ist die Tendenz und die Richtung der jüdischen wie der christlichen Religion. Es gibt ein Du, einen Lebenden, der unsere Namen eingeschrieben hat in den Händen, mit denen er uns schuf (Jesaja 49,16).

Dass die Toten auferweckt werden,
darauf hat auch Mose beim Dornbusch hingedeutet,
wenn er JHWH den Gott Abrahams
und den Gott Isaaks und den Gott Jakobs nannte.
Er ist doch kein Gott von Toten,
sondern von Lebenden,
denn alle leben für ihn.
LUKAS 20,37–38

Wenn ich »Gott« sage, so meine ich nicht irgendwen, kein Höchstes Wesen, keinen Unbewegten Beweger, nicht das Große Etwas, das es nach der Meinung vieler doch hinter allem geben soll, weil sonst »alles« keinen Sinn habe. Wenn ich »Gott« sage, so meine ich den Gott von Mose aus dem biblischen Buch des Auszugs, jene Stimme aus dem Feuer – die nach dem Zeugnis der vier Evangelien der Gott Jesu ist. Jesus verweist auf Mose, den Gründer seiner religiösen Tradition. Mose verweist auf eine noch tiefere Vergangenheit, Abraham-Isaak-Jakob.

Durch die Worte von Jesus und Mose bin ich mit einer alten und fremden Glaubenserzählung verbunden und mit einer Gotteserfahrung, die, wie alt sie auch sei, neu wie die Zukunft ist: »Nicht ein Gott von Toten ist er, sondern von Lebenden.«

4

Was ist es, das diese Welt zu dieser Welt macht? Dass hier der Tod herrscht. Nicht, dass Menschen sterben, wenn ihre Zeit erfüllt ist, sondern dass du siehst, wie Kinder vor deinen Augen abgeschlachtet werden, dass Sterben ein System hat, ein Wirtschaftssystem, dass der Tod ein Regime ist. Weil wir den Tod herrschen sehen und uns das Ende dieser Herrschaft auf Erden nicht vorstellen können, bewegen wir in unseren Köpfen Gedanken über ein Leben nach dem Tod. Wir fragen wir uns, wie es dann sein wird, wo unser Geist, unsere Seele, unser Lebensfunken sein werden, wenn unser Leib vernichtet ist – und ob es ein letztendliches Wiedersehen mit unseren Geliebten geben werde, jenseits aller materiellen Begrenzungen und irdischen Unmöglichkeiten? »Die letzten Fragen« nennen wir diese Fragen, was auch »die wichtigsten« bedeutet.

Die biblische Glaubenserzählung von Mose und Jesus respektiert unsere »letzten« Fragen, meint jedoch, dass sie nicht die wichtigsten sind. Sie bietet denn auch keine Antwort auf diese Fragen. Keine andere Antwort, als dass der Gott, der aus dem Sklavenhaus führt, kein Gott von Toten ist, sondern von Lebenden und dass für ihn alle leben. Die wichtigste und letzte Frage im Geiste, in der Tradition von Mose und Jesus, lautet: Ob wir bereit sind, die Worte dieses Gottes zu »lernen« und zu »betrachten« und immer wieder auf eine gerechtere Welt zu hoffen und an ihr mitzuarbeiten. Und wäre es auch nur dadurch, dass man sich ausstreckt nach ihr und ihre Möglichkeit nicht dem Zynismus und Hohn preisgibt.

»KINDER DER AUFERSTEHUNG«

1

Die russisch-jüdische Anarchistin Emma Goldman (1869–1940) schrieb im Jahre 1911: »Weil die Menschheit sich noch in einem Stadium weitgehenden Nicht-Erwachsenseins befindet, ist die Liebe den meisten Menschen eine Unbekannte. Die Liebe ist der einzig schöpferische, beseelende, stimulierende Grund einer neuen Menschheit, einer neuen Welt. Unverstanden und gescheut, wurzelt die Liebe nur selten; und wo sie es tut, dort schwindet sie schon bald dahin und stirbt ab.« Es ist fraglich, ob die Menschheit jetzt, mehr als hundert Jahre später, besser dran ist. Dazu gibt es unterschiedliche Ansichten, und unterschiedliche Einschätzungen sind möglich – es gibt ja, neben und sogar durcheinander, verschiedene Welten. Es gibt eine alte Welt, noch vollauf intakt (so scheint es), in der das riesige Bündnis zwischen einer aggressiven, Frauen herabsetzenden Männergesellschaft und einer völlig unbiblischen christlichen Theologie fortlebt. Zu dieser christlichen Theologie hat zum Beispiel der große, feinsinnige Theologe Thomas von Aquin (1125–1274), Erbe aller sogenannten Kirchenväter, seinen Teil beigesteuert. Er meinte, der Mann verkörpere die Vollheit des menschlichen Geschlechts, auch sexuell; und die Frau sei eine Art »abgeleiteter« Mensch, im wörtlichen Sinn eine unvollkommene Natur; somit von Natur aus unterworfen und deswegen zu Recht in einer sozial untergebenen Position. Der Mann-an-sich sei Bild Gottes und stelle die Fülle des Menschlichen dar. Die Frau-an-sich sei kein volles Bild Gottes. Deshalb auch musste der Messias ein Mann sein und deshalb – dies die logische Folgerung – kann die Frau nicht zum Priester werden; deshalb auch wird das Weibliche nicht würdig geachtet, das Göttliche anzudeuten – und das scheint dann wieder gemäß der Bibel, die den Gott von Israel und von Jesus »Herr« nennt und »Vater« und immer von *Er* spricht. Thomas von Aquin war kein Barbar, und auch Augustin, der ziemlich ähnlich dachte, war kein Barbar. Wer aber heute noch, prinzipiell und bis in die Details einer kirchlichen Praxis hinein, an ihrer Sicht festhält, kultiviert eine Barbarei.

Zu dieser Theologie und kirchlichen Praxis passt ein Typus des Mann/Frau-Verhältnisses, der in der Ehe als geheiligter Institution, als »Sakrament« sozusagen, und als einzig legitimer Form der Intimität und Sexualität zwischen Mann und

Frau seine Krönung erhält: »Heiraten-und-verheiratet-werden«: »Heiraten« ist da meist männlich, »verheiratet werden« meist weiblich – gelegentlich ist es umgekehrt. Das wechselt dann von »nehmen-und-genommen-werden« bis zum liebevollen Zusammensein, aber immer in strengen, oft unartikulierten Schemen und Rollenverhalten und prinzipiell monogam.

Es gibt eine einigermaßen neue Welt, Erlebniswelt, quer durch die alte hindurch oder nebenher und immer mehr dagegen: eine Welt von Frauen-in-Aufstand, und dann auch Männer, die zur Besinnung kommen. Frauen, die nicht länger ertragen, dass in unserer Kultur »zahllose Privilegien an den Besitz eines männlichen Körpers geknüpft werden«, wie die Schriftstellerin und Professorin der Kriminologie Catharina Irma Dessaur (1931–2002) als Feministin und Schriftstellerin unter dem Namen Andreas Burnier einst schrieb.

Inzwischen werden Männer sich des »Weiblichen«, der »weiblichen Seite« in sich selbst bewusst. Eine Frau und Feministin umschrieb sie als »Gefühl, Verinnerlichung, Ruhe, Passivität, Erlebnis statt Analyse, das Vermögen, Natur und Musik zu erfahren«. Ich meine, dass alle solche Beschreibungen von männlich und weiblich zwar ihren Nutzen haben, zugleich jedoch voreilig sind. Wir sollten auf der Hut sein vor Begriffen wie »das Wesen der Frau«, »die Natur des Mannes« und derlei philosophisch und psychologisch anmutenden Abwandlungen. Denn schon bald werden daraus Gesetzestexte, die die Zukunft versperren. Das Wesen? Wir wissen etwas von dem Verhalten von Frauen in einer von

LEBEN AUS DEM GEIST

Männern regierten Welt, und dieses Verhalten ist nicht eindeutig, es ist eher kompliziert und voller Widersprüche. Wir wissen etwas von Frauenängsten *und* von Männerängsten sowie von Befreiungsversuchen aus jener alten Welt, jener Unterwelt. Das Wesen? So weit sind wir noch nicht. Frauen und Männer sind wir, unsicher noch, wie wir sowohl das eine als auch das andere sein sollen. Wir experimentieren mit uns selbst und miteinander. Wir benutzen einander, um uns selbst kennenzulernen, und wir haben einander lieb, ohne sagen zu können, was das heißt. Und manchmal, in Fetzen aus Dunkel und Licht, in Menschen, in einer Ehe oder in einer anderen Form von Beziehung, sehen wir eine neue Welt hervorbrechen. Die Welt jenes Gedichts aus dem Buch der Schöpfung: »Die beiden waren nackt, und sie schämten sich nicht voreinander.«

2

In der biblischen Tradition sind das Ahnen, die Intuition und die Erfahrung, dass Kameradschaft und Zusammengehörigkeit zwischen Frauen und Männern möglich ist, sorgfältig aufbewahrt. In der Parabel von der Schöpfung der Menschheit wird die Zukunftsvision von Menschen, die auf Augenhöhe einander anschauen, nackt, ohne Scham, mit gleicher Würde, so erzählt, als sei dies in einer fernen Vergangenheit geschehen. So wird in der Bibel öfters von der Zukunft gesprochen, als etwas, das in der Vergangenheit schon geschehen sei, um uns damit einzuprägen, dass es eine erreichbare Zukunft ist und dass die Tage unseres Lebens im Licht jener Zukunft gelebt werden *dürfen* – aber dann auch so gelebt werden *müssen*; *so*, dass wir die Zukunft beschleunigen und näherbringen.

3

Von dieser Zukunft handelt das nun folgende Fragment aus
dem Evangelium nach Lukas.

Von den Sadduzäern, die bestreiten,
dass es eine Auferstehung gibt, kamen einige zu Jesus
und fragten ihn: Rabbi, Mose hat uns vorgeschrieben:
Wenn einem der Bruder stirbt, der eine Frau hatte
und kinderlos geblieben war,
dann soll sein Bruder die Frau nehmen
und seinem Bruder Nachkommen erwecken.
Nun lebten sieben Brüder.
Der erste nahm eine Frau und starb kinderlos.
Und der zweite und der dritte nahmen diese Frau
und so alle anderen bis zum siebten.
Sie hinterließen keine Kinder und starben.
Zuletzt starb auch die Frau.
Wessen Frau wird sie bei der Auferstehung sein?
Alle sieben haben sie ja zur Frau gehabt.
Da sagte Jesus zu ihnen:
Die Kinder dieser Welt heiraten und werden verheiratet;
die aber gewürdigt werden, an jener Welt
und an der Auferstehung von den Toten teilzuhaben,
die heiraten nicht noch werden sie verheiratet.
Sie können auch nicht mehr sterben,
weil sie den Engeln gleich und als Kinder der Auferstehung
zu Kindern Gottes geworden sind.
LUKAS 20,27–36

LEBEN AUS DEM GEIST

4

Die Sadduzäer bildeten eine kleine Kaste von reichen Aristokraten. Sie kollaborierten mit den römischen Besatzern und waren jeglicher Erneuerung oder prophetischen Bewegung abhold. Es waren diese Sadduzäer, die Jesus den Römern zur Kreuzigung ausgeliefert haben, diese Verräter ihres eigenen Volkes – es war nicht »das jüdische Volk«, welches ihn zur Kreuzigung auslieferte. Dies sollten wir in unser Gedächtnis einkerben und nie mehr vergessen.

Sie treten mit einer Klatschgeschichte auf, zitieren Mose, die etablierte Autorität, die Tradition, das Buch Deuteronomium, den Text von der sogenannten »Schwagerehe«, ohne jedoch der eigentlichen Bedeutung dieses Textes gerecht zu werden. Dessen Bedeutung ist: äußerste Barmherzigkeit – dass ein Mann für seinen toten Bruder einen Erstgeborenen erzeugen darf, damit der Name des kinderlos Gestorbenen »nicht erlöscht in Israel« (Deuteronomium 25,5–10). Die Sadduzäer machen daraus eine Karikatur: Der erste *nahm* die Frau, der zweite und der dritte *nahmen* die Frau und so weiter; und dann stirbt die Frau – und wessen Frau wird sie nun sein bei der Auferstehung der Toten, an die sie ja *nicht* glauben.

Jesus charakterisiert ihre Art über Gott und Mensch und Mann und Frau zu denken und ihre ganze korrupte Ausbeuterexistenz mit einem Wort, das im Evangelium und bei Paulus oft vorkommt: »diese Welt«. Das bedeutet etwa: die etablierte Ordnung, das etablierte Chaos, dieses System mit seinen herrschenden Besitz- und Klassenverhältnissen: Herren und Knechte. Dazu gehört das herrschende Verhältnis zwischen Mann und Frau. In dieser Welt, innerhalb dieses Schemas, heiraten sie und werden sie verheiratet: So geht es,

der eine besitzt die andere, der Mann die Frau oder die Frau
den Mann: einander untergeben.

Aber es gibt eine *kommende* Welt. Und es gibt Menschen,
die sich dieser kommenden Welt würdig erwiesen haben:
Indem sie eine andere Lebensweise annahmen, sich »be-
kehrten«, und »Bekehrung« heißt insbesondere bei Lukas:
dass Menschen mit den herrschenden Besitzverhältnissen
brechen. Diese Bekehrung heißt »Auferstehung aus den Toten« und ist: »Nicht mehr sterben können«, außerhalb des
Machtbereichs des Todes sein, eines Lebens, das kein Leben
mehr ist. Oder diese Umkehr heißt auch: »den Engeln
gleich geworden sein«. »Engel« sind in der Bibel Gesandte,
Helfer, Dienstbare, Antlitze, die dich ansehen, Stimmen,
die dich rufen. »Engeln gleich geworden sein« heißt nicht
geschlechtslos geworden sein, sondern: in einem völlig anderen gegenseitigen Verhältnis leben, nicht mehr in den Gesetzmäßigkeiten von Besitzen und Besessen-Werden, Nehmen und Genommen-Werden. Frei, endlich, einander zum
Glück dienend; einander eine Hilfe, ein Antlitz.

5

»Kinder Gottes, Kinder der Auferstehung«, sagt Lukas. Erwachsene Kinder Gottes, sagt Paulus (der wahrscheinlich
der Lehrer des Lukas war):

Nun seid ihr alle erwachsene Kinder Gottes
kraft des Glaubens im Messias Jesus.
Alle, die ihr in den Messias getauft wurdet,
bekleidet euch mit ihm.
Also nicht mehr:

Jude-oder-Grieche,
Knecht-oder-Herr
Mann-oder–Frau.
Alle seid ihr ein einziger Mensch in Jesus Messias.
GALATER 3,26–28

Erwachsen, nicht mehr »weitgehend unerwachsen«: Nicht
mehr Jude-oder-Grieche, Sklave-oder-Freier, Mann-oder-
Frau (das läuft alles auf dasselbe hinaus), sondern *eins* in Jesus Messias, ein Mensch, eine »Menschheit«. Diesen Messias
nennt Paulus denn auch den *»eschatos Adam«*, den letzten
Adam, »endlich den Menschen«. Der historische Mensch
Jesus von Nazaret – den er wie wir nie mit eigenen Augen
gesehen hat – hat in Paulus die Vision der Menschheit, so
wie sie gemeint ist, wachgerufen:

Am Tag, da Gott den Menschen schuf,
machte er ihn Gott ähnlich.
Männlich und weiblich
schuf er sie,
und er segnete sie
und rief ihren Namen:
Adam, Erdling, Menschheit.
GENESIS 5,1–2

Diese neue Menschheit, die Paulus in Jesus erscheinen sah,
das ist die neue Welt, wo wir hingehören, eine Welt ohne
Feindschaft, in der die herrschenden Verhältnisse umgewälzt sind. Umgewälzt durch wen oder was? Selbstverständlich durch die Liebe, die Liebe, die Emma Goldman
meinte.

»DANN WERDE ICH LEBEN«

1

Im vierundneunzigsten Jahr seines Lebens sagte der jüdische Schriftsteller Abel Herzberg in einem Interview: »Die Liebe der Menschen ist Gott. Auch die sexuelle Liebe. Sexualität ist ein Gotteswunder.«

Wir »Menschen« (sagen wir mal) wissen genau, wie wir einander peinigen, erniedrigen und frustrieren können. Es gibt eine Geschichte der Körperverachtung, der Pein durch sexuelle Frustrationen, in Dutzenden von Arten. So erfindungsreich sind wir – gelöschte Vitalität, abgestorbener Schöpfungstrieb, verleumdete Leidenschaft, eingeschärftes Schuldgefühl.

Wir kränken und quälen einander in unseren herrlichen Leibern, unseren Hohelied-Leibern. Die wir nicht selbst ausgedacht, entworfen, gebaut haben: kein Haar, kein Augenlid, kein Gelenk selbst gemacht. Auf unseren Füßen stehen wir, aufrecht, wir können uns bewegen – wenn plötzlich etwas Kleines und Verborgenes im Inneren stockt, kann es mit diesem ganzen Körper endgültig aus sein. Wir aber schlagen und halten Gewalt für aufregend und schwelgen in Mord und Totschlag. Wir verwenden Bilder von tödlichen Unfällen, von Lebensgefahr und Aggression in unseren Werbespots.

In seiner Analyse der Geschichte, die zur Vernichtung von sechs Millionen Juden geführt hat, bemerkt der jüdische

Schriftsteller George Steiner, dass in Europa schon jahrhundertelang die Vorstellung der Hölle unterhalten wird. Der größte Dichter des christlichen Europa, Dante, erdachte und beschrieb die schrecklichsten Folterqualen, sein *Inferno*. Fantasien von »sinnloser Pein, endloser Bestialität, willkürlichem Terror«.

2

Und doch gibt es auch eine Geschichte des Kampfes gegen den Terror der sinnlosen Pein. Es werden Wunder der Genesung geleistet; es gibt Erfindungen und es werden neue Lebenschancen geschaffen, die vor fünfundzwanzig Jahren unvorstellbar waren.

Es ließe sich eine Geschichte schreiben von Menschen, die ihr physisches Leiden, ihre missgestalteten Leiber, ihre – wie es heißt: »kranke« oder »behinderte« – Körperlichkeit aushalten, ohne das Lebenslicht zu hassen. Die über ihre Schmerzschwelle hinweg das psychische Leiden anderer verstehen und erleichtern. Die mit ihrem Tränenleib andere trösten. Die in ihrem Aidskörper zu großer Freundschaft heranwachsen. Ein Leben gegen den Tod, das ich Liebe nenne. Geschichte des »und trotzdem«.

Die Vision der Auferstehung ist ein meist geflüstertes, manchmal laut und mehrstimmig gesungenes »und trotzdem«.

Ich fragte: Die da singen,
und tragen strahlend weiß,
wer sind sie?

Jemand sprach zu mir:
Es sind die,
die durch die Hölle gegangen.
OFFENBARUNG 7,13–14

Sieh deinen eigenen Körper an, sieh ihn an voller Verwun-
derung und Ehrfurcht, wie alt du auch bist; sieh ihn mit
den Augen des Dichters von Psalm 139: »Ich preise dich,
dass ich so herrlich, so wunderbar geschaffen bin.« Der
Leib, mit dem du zur Arbeit gehst, in dem deine Stimme
und dein Gewissen wohnen, in dem du anwesend, sichtbar,
liebbar bist. In dem du für andere ein Segen und eine Last
und ein Auftrag und eine Erfüllung bist. Der »ich« sagt, sogar wenn er dich todkrank umhüllt, sagt er noch »ich«, hier
bin ich – denke ihn mal weg, du kannst es nicht, so wirklich ist er. Und so wirklich wird er auferstehen »in der Auferstehung der Gerechten«. Glaubst du das?

3

Es gibt verschiedene Fassungen der Vision von der Auferweckung menschlicher Leiber: Die aus der Offenbarung des
Johannes (20,11–15) neben Ezechiels Vision des Tales voller
Gebeine, die zu neuen Leibern werden (Ezechiel 37); Jesajas
Lied über eine Wüste, die blühen wird (Jesaja 35), neben der
kühnsten, der fast naiv-gewagten von Paulus, der einfach
behauptet, dass unsere vergänglichen Leiber zur Unvergäng-
lichkeit auferstehen werden, so wie das Weizenkorn im Ge-
treidehalm aufsteht. »Was du säst, wird nicht zum Leben erweckt, wenn es nicht stirbt« (1 Korinther 15,42), sagt er
lakonisch in seinem ersten Brief an die Gemeinde zu
Korinth, etwa aus dem Jahre 58 des ersten Jahrhunderts.

Gut fünfzig Jahre später werden im Johannesevangelium Jesus von Nazaret folgende Worte in den Mund gelegt: »Wenn das Weizenkorn nicht in die Erde fällt und stirbt, bleibt es allein; wenn es aber stirbt, bringt es viel Frucht.« Mit diesem Weizenkorn meinte er sich selbst. Paulus bezieht diese Bildersprache auf alle Menschen: Unser Tränenleib wird Frucht tragen in einem unsterblichen Leib.

Das muss schon heißen: Dass alles, was uns zustößt, physisch und geistig, Leiden und Tod, Samen der Zukunft ist. Alles, was du zu leben bekommst, wird sich als Möglichkeit zu mehr Leben, ja, sogar als Anfang ewigen Lebens erweisen.
Wie ein Mensch auf diesen Gedanken kommt, weiß ich nicht. Wohl aber, dass dieser Gedanke da ist und wirkt. Und für Zahllose in einer fortschreitenden Geschichte der Hoffnung einen Weg bereitet durch Abgründe der Pein und Erniedrigung.

4
Jenes Wort »Leib« bedeutet nicht nur diese Haut mit Fleisch, Blut und Knochen, sondern es steht für unser ganzes physisches, materielles Leben, mit seinen Wurzeln in der Erde, in Zeit und Raum mit anderen Leibern verbunden. »Leib« heißt in der Sprache des Ezechiel, Jesaja, Paulus und Johannes der ganze historische Kontext meiner Existenz, meine Gesellschaft, meine Landschaft, meine Herkunft.

Bedeutet »Auferweckung unseres Leibes« dann vielleicht, dass, so wie »gestorbene«, gesäte Weizenkörner in Getreidehalmen aufblühen werden, auch der ganze Kontext unseres Lebens mit unseren jetzt noch unerwachsenen und oft so schmerzlichen Verhältnissen zu anderen aufblühen wird, durch den Tod hindurch? Auch das haben sie geglaubt, all jene Menschen des »und trotzdem«. Sie sahen eine neue Gesellschaft, einen neuen Bund zwischen Menschen, durch den Tod hindurch, und eine neue Landschaft, eine neue Erde.

5

Es ist nur eine Vision. Man kann nicht darauf schwören. Es ist unglaubliche Bildersprache. Man kann damit leben und sterben.

Ich meinte karges Land zu sehen.
Volle Garben sehe ich, lange Halme, Ähren,
gefüllt mit reifem Korn.
Dann werde ich leben.

Dann erst? Dann *noch*, wieder, endlich, aufs Neue, aber anders. So wie ich in der lateinischen Liturgie meiner Jugend singen hörte, wenn ein Toter begraben wurde: *vita mutatur, non tollitur* – das Leben wird nicht weggenommen, es wird verändert, verwandelt.

LEBEN AUS DEM GEIST

JENSEITS?

1

Die Sprache ist des Todes voll. In Tausenden von Ausdrücken, Redewendungen, Anspielungen und Bildern wird der Tod anerkannt und ausgesprochen. Lies das Wörterbuch, das große Gedächtnis der Menschheit, in dem alle unsere Erinnerungen an Leben und Sterben gespeichert sind. Aber du bist nicht die Sprache und nicht die Menschheit. Und wenn es dich trifft, wenn du weißt »noch zwei Monate« oder »nicht einmal drei Tage«, oder »noch einige hochbetagte, mühevolle Jahre«? Viele Menschen haben dafür keine Sprache. Nicht in sich selbst, nicht untereinander.

Unbegreiflich groß und geheimnisvoll, jedes Leben; dass wir einander gegeben sind, Frauen und Männer, mit Kindern, ohne Kinder, alle zusammen wir und jeder ein Ich, schwer oder leicht, mühselig oder leichtfüßig lebend, Ehrfurcht heischend und nichtig, mit unseren feingliedrigen köstlichen Leibern, die dem Tode geweiht sind. Du weißt nicht, was dir zustoßen mag, aber du setzt dich ein, für all diese Lebenstage – und dann?

In vielen westeuropäischen Ländern gedenken die Lebenden an den ersten Novembertagen der Toten. In diesem Teil der Welt, der von der biblischen Erzählung berührt worden ist, tiefgehend oder flüchtig, aber immerhin jahrhundertelang, lebt die Kultur des Totengedenkens noch und sogar die Kultur der Erwartung und Hoffnung, die über den Abgrund hinausreicht.

Am Abend des 1. November werden in vielen Ländern Lichter auf die Gräber gestellt. Am 2. November werden auch in unseren Gegenden die Gräber von längst oder vor kurzem gestorbenen Geliebten mit Blumen geehrt. »Allerseelen« wird jener Tag genannt, seit die Mönche in Cluny ihn im 11. Jahrhundert erfunden haben.

Wo sind unsere Toten? Doch nicht dort in jenen Gräbern? Oder doch *dort*? Gräber sind heilig, heiliger Boden, überall. Aber sie geben keine Antwort auf die Frage: Wo sind sie geblieben?

Wir haben uns an viele Toten auf einmal gewöhnt. Massensterben, Hunderte am Tag. Die sechs Millionen. Nein, sagte der jüdische Schriftsteller Abel Herzberg, sechs Millionen Mal *ein* Mensch.

2

In seinem Gedicht »Die Ertrunkenen« schreibt der niederländische Dichter Gerrit Achterberg (1905–1962) an seinen Kollegen Eduard Hoornik (1910–1970), der das Konzentrationslager Dachau überlebt hatte, und in ihm an jeden Leser:

Vielleicht weißt du ein Land von so viel Licht
dass ihre Erstarrung ihm nicht gewachsen ist
und treiben sie dorthin, uns außer Sicht?

Ich finde Achterbergs Frage, mit jenem zögernden, demütigen »vielleicht« offenbarender als die meisten religiösen Antworten. »Vielleicht« ist ein Wort von Furcht-und-Hoffnung, ein schüchternes Lächeln.

Und so ist es vielen unter uns zumute, wenn uns die große Erzählung über ein Lichtland vorgelesen und gesungen wird. Glaubst du, dass es möglich ist, ein solches Land? »Der Gott, für den die Ertrunkenen nicht endgültig ertrunken sind« – es klingt wie eine letzte Frage. Ich weiß nicht, ob ich daran glaube, ich hoffe es, »vielleicht«, ich halte den Atem an.

3

Auch alle Dichter der Welt sprechen so, auch die der Bibel – gelegentlich haftet eins von ihren Bildern in unserem Geist. Weite Landschaft, ausgestrecktes umfassendes Licht, strömendes Wasser, auf dem Licht spielt, dorthin sind sie unterwegs, die Toten. Bilder von Raum. Aber jedes Bild mit einem so dünnen Stift fast unsichtbar gezeichnet: mehr Frage als Antwort.

»Ein Land, das gut und weit ist«, so lautet die beliebteste Bildersprache, in welcher biblische Propheten-Dichter ihre durch und durch irdische Zukunftserwartung ausdrückten. Sie hofften auf ein erfülltes irdisches Leben. »Ach, wäre ich nicht gewiss, die Güte JHWHs zu schauen im Land der Lebenden« – ein Vers aus Psalm 27. Aber zugleich erhebt sich der Gedanke und pflanzt sich fort, dass der Gott, den wir im Leben als Befreier, als Schöpfer eines Raums zum Leben erfahren – dass dieser undenkbare Ewige, der mich mit seinem Wort hier-jetzt trifft, der in meinem Gewissen zu mir spricht … dass dieser bekannte, fremde, ferne Gott, dessen Name lautet: »Ich werde da sein, für dich« – dass dieser mit meinem Tod nicht aufhört »da zu sein, für mich«. Mein Tod wird nicht das Ende dessen sein, was uns zusammenhält. Ja wie denn? Das weiß ich nicht, ich werde schon sehen.

4

Also: In der Stunde meines Todes, wenn ich wie eine Ruine einstürze, zerfalle, sieh es nur vor dir! –, wenn ich sterbe, hört er nicht auf, da zu sein für mich? Edward Schillebeeckx hat einmal in einem Interview gesagt: »Ich will Gott nicht als einen unveränderlichen Gott, sondern als ewige Jugend sehen – wie soll man das ausdrücken? Es übersteigt unsere Begriffe. Gott ist jeden Augenblick neu. Immerzu Quelle neuer Möglichkeit. Das gilt in Bezug auf die Geschichte: Gott bleibt an uns geschehen. Ich meine, auch wenn wir sterben. Er ist die Perspektive auf ein Leben über den Tod hinaus.«

Genug – oder nach einer gut niederländischen Redewendung: *de rest is hiernamaals:* »Der Rest ist jenseits.«

EINE NEUE WELT

1

Viele kirchliche und außerkirchliche Christen folgen einer Utopie. Sie versuchen an die Utopie eines Jenseits zu glauben, mit den klassisch gewordenen Worten: Gott zu schauen von Angesicht zu Angesicht.

Für die meisten Menschen ist dieser große Traum nicht im Widerspruch zur Utopie einer besseren, ja sogar »neuen« Welt, keine Sublimierung. Wie das genau zugeht, ist schwer zu sagen, meist leichter zu singen. Aber für alle gilt, so wage ich zu behaupten, dass sie von ihren christlichen Traditionen die Einsicht zurückbehalten haben, dass jede irdische Utopie und jedes soziale Ideal mit dem anfängt, was man selbst für einen anderen zu tun bereit ist.

2

Am Schluss ihrer Erzählung proklamiert die Bibel die Utopie eines »neuen Himmel und einer neuen Erde« (Offenbarung 21). Die Sprache der jüdischen Bibel hat kein Wort für »Welt«. Was wir »Welt« nennen, heißt in der Sprache der Bibel »Himmel und Erde«, dort, wo du lebst, was du siehst, hoch und niedrig, um dich herum, fern und nah. Diese neue Welt wird wie eine »Stadt« gesehen; wie eine Gartenstadt, eine Paradiesstadt voll von blühenden Fruchtbäumen, mit einem Fluss kristallklaren Wassers, so die visionären Beschreibungen im letzten Buch der »jüdisch-christlichen« Bibel-Bibliothek, der Offenbarung – jahrhundertelang Johannes, dem geliebten Jünger von Jesus von Nazaret zugeschrieben.

Was ist, dem Geist und Buchstaben der Bibel nach, das Charakteristische »dieser Welt«, dieser geläufigen »alten« Welt? Es ist die Macht der Reichen und die Ohnmacht der Armen: die Willkür der Folterer, die Ausbeutung durch Zuhälter und Schwindler. So werden sie in diesem apokalyptischen Text aufgereiht: Ausbeutung und Unterdrückung sind die zynischen Kennzeichen dieser Welt, Tränen also, Tod, Trauer, Wehklagen, ein Meer von Elend, Wellen, Flut, Brandung. »Meer« steht in der biblischen Bildersprache für Todesmacht, verschlingende Gewalt, die Gewalt der feindlichen Völker – aus dem Meer sah der Prophet Daniel die Ungeheuer aufsteigen, die Reichen der Welt, die Währungs-

giganten. Was sah Johannes? Eine neue Welt, »und das
Meer ist nicht mehr«. Es gibt keine Bedrohung mehr, kein
Recht der Stärksten. Er sah eine neue Welt, wo Menschenrechte gelten. Und er sah die neue Welt »vom Himmel herabkommen«.

Vom Himmel heißt »von Gott her«, und »von Gott her«
heißt: aus der Tora. Eine neue Welt, die »von Gott geboren«
wird, sie wird die Frucht des Vollbringens seiner Tora sein.

3
Und ich sah die heilige Stadt, Neu-Jerusalem,
vom Himmel herabkommen von Gott her,
bereit wie eine Braut,
die sich für ihren Mann geschmückt hat.
OFFENBARUNG 21,2

Die neue Welt erscheint, »offenbart sich« wie eine Frau, die
bereit und darauf vorbereitet ist, Anfang und Quelle neuen
Lebens zu sein. Sie wird die Mutter neuer Generationen;
mit ihr beginnt die Geschichte neu, jetzt erst recht – es gibt
ein Wort von Karl Marx: Dass, wenn wir uns von der Verdammnis von Unterdrückung und Ausbeutung befreit haben, die wirkliche Menschengeschichte anfangen kann, erst
dann.

Diese herabkommende neue Welt ist eine Stadt aus einem
Guss, von klarer Gestalt, mit einem Blick überschaubar –
während es doch unsere Erfahrung ist, dass eine Stadt
vielschichtig und unübersichtlich ist, Vielfalt, die auf
die Nerven geht, Uneinigkeit, gegensätzliche Interessen,
unabsehbare Reihen von Gesichtern und Verhaltensweisen,

voneinander irritierten, einander diskriminierenden Bevölkerungsgruppen, Farben, Rassen, Typen. Das ist eine Stadt: Wer kann sich mit einer solchen Mannigfaltigkeit identifizieren?

Diese Mannigfaltigkeit wird zur Einheit, zur Gemeinschaft werden. Wir werden aus der Kraft der Tora gelernt haben, miteinander zu leben. Das wird uns in dieser Vision im Bild der »heiligen Stadt« kundgetan.

Und er sprach: »Siehe, ich mache alles neu!« (Offenbarung 21,5). Und er sagt, »Schreibe, denn diese Worte sind zuverlässig und wahr« (Offenbarung 22,6). Diese Zukunftsvision steht in der Vergangenheitsform, was noch geschehen soll, wird erzählt, als wäre es schon geschehen. Denn was geschehen ist, das ist möglich, und so wird betont, dass diese Worte nicht unmöglich sind. Was in dieser Zukunftsvision gesehen wird, kann vollbracht werden, kann Zukunft, neue Geschichte werden. *Kann.*

ZUM SCHLUSS: UNTER LIEBE VERSTEHE ICH …

1

Unter Liebe verstehe ich: jene tausendfachen Nuancen von Freundlichkeit und Freundschaft, von Takt und Geduld, von bedächtigem Respekt und Erbarmen, von langer Treue und Spontaneität, von Höflichkeit und Leidenschaft, von gutem Willen und Ergriffenheit, mit denen Menschen einander begegnen. Unter Liebe verstehe ich die Kraft des Denkens und der Intuition, die Weisheit und die Wissenschaft und alle Fantasie und Beharrlichkeit und allen Optimismus, mit denen die Erde aufgebaut wird, immer wieder neu, gegen alles Abreißen. Alles, was zum Guten ist, alles was zu etwas mehr Gerechtigkeit und Frieden für etwas mehr Menschen führt, das nenne ich Liebe.

Nun ist es allerdings so, dass du dir die Liebe nicht vorstellen kannst. Und dass du sie nicht fühlen kannst. Ich versuche, das zu erläutern. Was ist ein Atom? Die denkbar kleinste Einheit der Materie, und diese kann man dann immer noch spalten! Kannst du dir das vorstellen? Nein. Kannst du dir all das Leid vorstellen, das, da du dies liest, gelitten wird? Nein. Kannst du dir einen Gott vorstellen, der freie Menschen erschafft? Nein. So kannst du dir auch alle die Liebe nicht vorstellen. Du lebst aber von ihr. Du lebst auf sie zu. Du wächst zu deinem Ursprung.

Aber Feindschaft, Krieg, Hass und Gewalt? Hass und Gewalt, Feindschaft und Krieg sind Gott weiß vorübergehende Schrecken innerhalb der Liebe, die unsere Bestimmung ist. Sie fegen dieses Wort »Habt einander lieb« nicht von der Erde weg. *In diesem Wort ist Leben. Und dieses Leben ist das*

Licht der Menschen. Und das Licht scheint in der Finsternis.
Und die Finsternis hat dieses Licht nicht erfasst.

2

Was für eine abstrakte Geschichte! Schau dir unser Leben,
dein eigenes Leben an. Liebe? Wäre da ein wenig Beschei-
denheit nicht angebracht? Ich schaue unser Leben, mein eigenes Leben an: die Irrtümer, die Fehleinschätzungen, der
Mangel an Selbsterkenntnis, die Verdrängung, die langsam
zunehmende Schuld, alles, was du nicht geben, nicht sagen
konntest – du hattest es nicht gelernt und wolltest nicht
wahrhaben, dass du es lernen *musstest*. Alles, was so freund-
lich »die menschliche Schwäche« genannt wird – du
schlägst dir gegen die Stirn ... warum ging es so, wie es
ging, und geht es so, wie es geht?

3

Und trotzdem dies Wort »Habt einander lieb«! Alle Finster-
nisse der Geschichte haben es nicht erfasst. Es ist noch da,
wie wäre das bei Gott möglich, wenn es nicht in Menschen
Fleisch geworden wäre. Wenn es nicht, unvorstellbar wie alles Leid der Welt zusammengenommen, unvorstellbar wie
Gott, gelebt wurde, in Geduld und Ehrfurcht und plötzli-
cher Barmherzigkeit, in Leidenschaft und langer Treue.

Wir sollen diese Worte sagen, so wie sie geschrieben stehen.
Auch, wenn wir ihnen nicht gewachsen sind. Ob ich sie
vollbringen kann, ist zum Glück, zum Glück für mich,
nicht entscheidend für ihre Autorität. Was ist die Autorität
dieser Worte? Ihre Evidenz. Dass man, wenn man sie hört,
sogleich weiß: Das ist wahr. Diese Worte umfassen uns,

umfassen alles in unserer Existenz, die größten Irrtümer mit einbegriffen. »Habt einander lieb« ist von Gott. Ist selbst Gott. *Im Anfang war dieses Wort. Und dieses Wort war bei Gott. Und Gott selbst war dieses Wort.*

NACHWORT DES HERAUSGEBERS

Vielen Menschen, die in christlichen Kirchen aufgewachsen sind, fällt es schwer, sich einzugestehen, dass »der christliche Glaube« ihnen nichts mehr sagt. Glauben heißt ursprünglich: Vertrauen schenken und guter Hoffnung sein, so wie es dies zwischen Menschen in Freundschaft bedeutet. Eine große Liebe ist ein großer Glaube.

Im Jahr 1941 erschien der *Catechismus* von Frits van der Meer. Der Autor war Priester, Schriftsteller und ein berühmter Kunsthistoriker. Im Vorwort schrieb der Utrechter Erzbischof Kardinal Jan de Jong: »Seit einiger Zeit war in unserer Sprache kein originelles Buch mehr erschienen, welches auf systematische Weise den gesamten Inhalt des Glaubens knapp darstellte … « Der *Catechismus* Frits van der Meers war ein römisch-katholisches Monument in den Niederlanden!

In den 1960er-Jahren, nach dem Zweiten Vatikanischen Konzil, entstand das Bedürfnis nach einem neuen zeitgemäßen Text des »gesamten Glaubensinhalts«. Dieser kam dann 1966, nunmehr vor über fünfzig Jahren: der *Nieuwe Katechismus*, verfasst im Auftrag der Niederländischen Bischofskonferenz unter der Chefredaktion des Jesuitenpaters Professor Piet Schoonenberg. Im Vorwort hieß es, dieser Katechismus bezwecke »den ewigen Glauben zu verkündigen in einer zeitgemäßen Form«. Er wurde in mehrere Sprachen übersetzt – fand jedoch bei den Theologen des Vatikans keine Gnade. In den 1990er-Jahren erschien in Rom der *Katechismus der Katholischen Kirche*.

Unterdessen wuchs im Lehrhaus, in der Liturgie und in der Verkündigung der *Ekklesia Amsterdam*, 1960 durch den Jesuitenpater Jan van Kilsdonk als *Amsterdamer Studentenekklesia* gegründet, allmählich eine neue Sicht auf den »christlichen Glauben«.

Diese Entwicklung geschah aufgrund eines erneuerten Umgangs mit der ganzen Bibel, vor allem mit der jüdischen Heiligen Schrift, welche als »Altes Testament« den größten Teil der Bibel ausmacht. Huub Oosterhuis war und ist der wichtigste Wortführer dieser biblisch-theologischen Neuinterpretation. Dabei wurde er entscheidend geprägt von sowohl jüdischer wie auch protestantischer und katholischer Seite: von Abel Herzberg und Rabbi Yehuda Léon Askénazi, der biblischen Theologie der Amsterdamer Schule, der lateinamerikanischen Befreiungstheologie sowie der politischen Bibelauslegung von Ton Veerkamp.

Aus seinen vielen Publikationen, Predigten und Betrachtungen habe ich viele Jahre nach dem klassischen und umfangreichen *Catechismus* von Frits van der Meer und gut fünfzig Jahre nach dem *Nieuwe Katechismus* unter dem Titel *Alles für alle* einen neuen »Katechismus«, ein Glaubensbuch herausdestilliert. Darin wird anhand der »Großen Erzählung« der jüdischen und der »messianischen« (»urchristlichen«) Tradition versucht, Antworten auf die ewigen Fragen der Gegenwart zu finden. Ein Glaubensbuch, das den üblichen konfessionellen Unterschied von katholisch und protestantisch übersteigen will – bestimmt für alle Menschen guten Willens.

Cornelis Kok

PERSONENVERZEICHNIS

BIBELSTELLENVERZEICHNIS

Die verwiesenen Bibelstellen sind zum Teil ausdrücklich im Text zitiert, zum Teil bilden sie den unausdrücklichen Bezugsrahmen des Textes auf der angegebenen Seite.

2,49   82, 124
3,11   87, 89
4,16–21   86
4,21   86
6,20   100
6,27   103, 105, 107
7,14   83
9,30–36   123
10,18   117
10,21   88
10,25–37   40
10,27   12, 40, 168
10,42   111
11,2   166
14,26   103
16,13–14   94
16,19–31   115
17,33   97
18,18–30   99
18,22   99
20,36   206
20,37–38   198
20,38   126, 199, 200
22,19   63, 102
22,20   102
22,42   159
23,46   124

Johannes
1,1–2   224
1,4–5   222, 223

1,29   101
1,31   103
6,33   179
6,51   104
8,7   190
10,11   104
11,25   104
11,43   83
12,24   178, 179, 211
13,1–17   102
13,34   98, 222, 223, 224
14,6   104
15,1   104
15,12   222, 223, 224
15,17   222, 223, 224

Apostelgeschichte
2,1–4   130
2,11   132
2,44–45   91
4,32–34   132
17,28   36

Römer
8   144
8,33–36   150
8,38–39   150
8,39   143
3,19   190
11,16–21   14
15,4   174

BIBELSTELLENVERZEICHNIS

AUTOR UND HERAUSGEBER

HUUB OOSTERHUIS, geb. 1933, Dichter. Oosterhuis trat 1952 in den Jesuitenorden ein, studierte Philosophie, niederländische Sprach- und Literaturwissenschaft und Theologie. Er wurde 1964 zum Priester geweiht und 1965 als Studentenpfarrer eingestellt in der Amsterdamer »Studentenekklesia«. Der *Ekklesia Amsterdam,* wie sich die 1960 gegründete Gemeinde seit 2015 nennt, ist er noch immer als »Vorsteher« verbunden. Für sie schreibt er bis heute seine Liturgie erneuernden Lieder und Gebete. Um die sechshundert Lieder und Gesänge wurden und werden vertont von ihm eng verbundenen Komponisten und finden in vielen kirchlichen Kreisen der Niederlande großen Anklang. 2002 wurde ihm dafür die Ehrendoktorwürde der Freien Universität Amsterdam verliehen. Sein Werk wurde zu einem Großteil ins Deutsche übersetzt. Am 19. November 2014 empfing er in Bonn den deutschen Ökumenischen Predigtpreis für sein Lebenswerk.

Neben seiner umfangreichen theologisch-liturgischen Arbeit schrieb Oosterhuis immer auch »freie« Poesie. Er gründete eine »Schule der Poesie« für Schulkinder, förderte auf der Suche nach mehr Gerechtigkeit die politische Debatte in den Niederlanden und errichte dazu in Amsterdam mehrere Zentren für Religion, Politik und Kultur. 1998 erhielt er dafür den Silbernen Orden der Stadt Amsterdam.

2017 erschien seine poetische Nacherzählung der Jesus-Geschichte der Evangelien »Sei hier zugegen. Jesus von Nazaret nacherzählt« (Patmos Verlag 2018).

Im Internet: www.huub-oosterhuis.de

CORNELIS KOK, geb. 1948, nach seinem Theologiestudium in Amsterdam wurde er Mitarbeiter von Huub Oosterhuis in der »Stiftung Lehrhaus und Liturgie«, die gegründet wurde, um das Studium der biblischen Glaubensüberlieferung als Hintergrund und Quelle der Liturgie zu fördern und die wachsende Zahl der Lieder von Huub Oosterhuis herauszugeben und zu verbreiten. Zu diesem Zweck organisiert Cornelis Kok jährlich »Liedtage« in den Niederlanden, Deutschland und der Schweiz. Seit 1989 arbeitet er, zusammen mit anderen Übersetzern, an deutschsprachigen Ausgaben der Lieder und Texte von Huub Oosterhuis. Kok veröffentlichte neben zahlreichen Zeitschriftenartikeln Bücher über die liturgische Poesie von Oosterhuis und über die »Kunst der Liturgie«. Er ist Mitglied des liturgischen Teams der »Ekklesia Amsterdam«
Im Internet: www. ekklesia-amsterdam.nl